JN040704

ChatGPT
は質問・指示が
9割

山﨑志津
Yamazaki Shizu

池田書店

はじめに

　2023年に入ってから、TVやメディアで連日ChatGPTが取り上げられ、この最先端テクノロジーに盛り上がっています。

　実際の使用例として、ChatGPTに「○○について教えて」と質問し、「Google検索はいらなくなりますね」とTVの情報番組などでもコメントされ、紹介されています。

　私たちの仕事を奪う恐ろしい存在、怖い世の中になるなどと懸念した方もいれば、ChatGPTを実際に使ってみた方もいることでしょう。

　実際に使ってみて、すごい！と思われた方もいるかもしれませんが、一方でChatGPTからのとんでもない回答や、一見それらしいウソの回答に驚いた方も多いかもしれません。

　AIがなめらかで自然な日本語を使えることに驚きつつも、「AIなんてまだまだこんなもんなのね」とどこか安心した思いを持った方もいるでしょう。

　ChatGPTに2，3回質問してみただけで、何に使え

ばいいかもよくわからないので、そのあとはもう触っていないという方もいるのではないでしょうか？

　大切なことを言います。現時点でのChatGPTはリサーチをさせるものではありませんし、辞書や参考書のように正確な知識を問うことは推奨できません。

ChatGPTは、私たちが知らない知識を教えてくれる先生ではないのです。

　こんな間違った認識が広まってしまったのは、ChatGPTがどういう仕組みなのかを私たちが知らなかったためです。またメディアでの紹介の仕方も悪かったのかもしれません。

　実は**ChatGPTには、適切な質問の仕方や正しい指示の出し方があります。**

　それが本書のタイトルにもなっている「ChatGPTは質問・指示が9割」の意味です。

ChatGPTはあなたの優秀な部下です。

　しかもポテンシャルはとても高いのですが、まだ社会に出たばかりの新人部下です。あくまでもあなたが上手な指示を行い、最終確認をしっかり行ってこそ力を発揮

します。人工知能なので、労働時間など気にせず、いくらでもあなたのために働いてくれるのです。

　ChatGPTというAI部下により、あなたの仕事や生活は劇的に効率アップできるはずです。ChatGPTやAIを使いこなしていくことができたら、ChatGPTに仕事を奪われるなどと心配して避けてしまうことが、いかにもったいないことなのかがわかるでしょう。

　本書は専門書ではありません。テクノロジーやITが苦手な方でもよくわかるように、事例を用いながらやさしい表現で書いています。

**　誰でもChatGPTの本質を理解して、実践レベルで使えるように解説しています。**

　本書により、一人でも多くの方が楽しく、スムーズにChatGPTとコミュニケーションを取っていただけること、そしてあなたのビジネスや生活がそれによりステップアップできることを願っております。

CONTENTS

CONTENTS

CONTENTS

CHAPTER
1

ChatGPTの
基礎知識

1-0

そもそもChatGPTって何?

○私たちの生活を一変させる可能性がある

ChatGPTは、2022年11月にOpenAI（オープンAI）が公開した、対話式の高精度なAIチャットボットです。

名前にチャットとついているように、音声で対話するわけでなく、文字でAIと対話をします。

英語はもちろん、日本語を含む多言語に対応しており、しかも自然な文章で答えることで注目が集まっています。

ChatGPTは、最近メディアで連日取り上げられており、利用者が急増しています。ユーザー数が100万人に達するまでに、YouTubeやFacebookは約1年、Instagramでも2ヶ月半かかりました。**それに対してChatGPTは、わずか5日でユーザー数が100万人を突破し、その勢いを維持して2ヶ月でユーザー数は1億人を超えました。**

OpenAIのサム・アルトマンCEOによると、2023年4月の段階で、日本でのユーザーも100万人を超えたそうです。

私たちは、これまでにも新しいテクノロジーの登場で生活が変わるという体験をしてきました。たとえば、インタ

ーネットやWi-Fi、スマホなどがもたらした変化は大きく、私たちの生活になくてはならない存在となりました。もう、これらが登場する前の状態に、私たちの生活を戻すことはできません。

ChatGPTの登場は、これに匹敵する可能性があります。

本書を手にしてくださった方は、

・すでにChatGPTに興味を持っている
・ChatGPTを使ってみようと思っている
・実際にChatGPTを使ってみたが、とんでもない間違った答えに困惑した

という方が多いかと思います。

本書は「いちばんやさしいChatGPTの入門書」として、難しいことは極力省きつつ、ChatGPTの本質と精度のよくなる使い方をご案内していきます。

まずChapter 1では、ChatGPTを使う前に皆さんに知っておいてほしい基礎知識をご案内していきます。

1-1

ChatGPTって何がスゴいの？

○従来型のAIとの大きな違い

　TVや情報番組、またニュースでもChatGPTという言葉を耳にしない日はありません。すごいAI（人工知能）だとお祭り騒ぎになっていますが、「ペッパー君やアレクサみたいなものだろう」と思っている人もいるかもしれません。

　まずは、ChatGPTが成し遂げた実際のエピソードをいくつかご紹介します。

・ペンシルベニア大学でMBAの最終試験を受験させたところ、見事合格しました
・アメリカの医師免許試験を受験した場合に合格圏内に入るという研究結果が報じられました
・2023年3月に公開された新モデルのGPT-4（134ページ）は、アメリカの司法試験の模擬問題を解かせると、上位10％のスコアを記録しました

　従来型のAIは、あらかじめ想定されたパターンでの文言に返答するだけでしたが、ChatGPTはその一歩先を行く

生成系AIです。従来型のAIよりも、複雑なシステムとモデル、そして大規模なデータやコンテンツから学習するディープラーニングにより、人間に近い成果を出すことができます。**人間同士で対話をしているような自然な受け答えができるのです。**

ChatGPTをはじめとする生成系AIの登場により、ホワイトカラーが失業するのではないかという危機感も広がっています。ゴールドマン・サックスが2023年3月26日に公表した報告書では「**生成系AIは世界全体で3億人分相当の仕事を置き換える可能性がある**」と結論づけています。

さらに、「**アメリカでは現存の職業の約3分の2が生成系AIによる影響を受ける**」と公表しています。ただし、あくまでも置き換えられるのは一部業務であり、逆にAIにより労働生産性が向上するため、世界の年間GDPを7%引き上げる可能性もあると言います。

このように、**ChatGPTは私たちの仕事を大きく変える可能性があります。**

1-2

OpenAIってどんな企業?

○営利と非営利のハイブリッド企業

ChatGPTと合わせて、ChatGPTを開発しているOpenAIにも注目が集まっています。

OpenAIは、人工知能の研究・開発を行うアメリカ、サンフランシスコの非営利企業で、2015年にイーロン・マスクやサム・アルトマンらにより設立されました。

その後、「利益に上限のある」営利企業であるOpenAi LPを創設し、現在は営利と非営利のハイブリッド企業となっています。上限を超えた利益は非営利部門に還元されるシステムです。

OpenAI自体には売上がほとんどないにも関わらず、時価総額4兆円とも評価されています。

Microsoftは OpenAIに前代未聞の1兆円規模の投資をし、BingAIやMicrosoft 365へのGPT搭載を発表しました。

本書で案内するChatGPTは文章生成AIですが、OpenAIはそれ以外にも、**文章からイラストや画像を生成するDALL・E**や、**音声を認識して文字起こしをするWhisper**というAIも提供しています。

1-3

ChatGPTはどうやって使うの？

○シンプルに使うことができる

ChatGPTは、パソコンでもスマホでも使えます。アプリのインストールは必要なく、**パソコンやスマホのブラウザからChatGPTのサイトにアクセスして使用できます。**

文字を入力するボックスに質問や指示を入力するだけで使えるので、とてもシンプルです。

2023年5月時点で、月20ドルの有料プランもありますが、有料プランに契約しなくても無料で使うことができます。

ChatGPTを使う上で特に注意が必要なのが、個人情報や機密情報の取り扱いです。ChatGPTには、個人情報や企業の機密情報の入力は安易に行わないほうがよいでしょう。ユーザーがChatGPTに入力したデータは、ChatGPTに提供されたものとしてモデル改善に使用される可能性があります。入力する場合は、その時点での規約や設定を確認しましょう。

Chapter2では、ChatGPTの登録方法を画面付きで説明し、基本操作も一緒に解説しています。

1-4

ChatGPTの「GPT」って何？

○ChatGPTのベースとなる言語は英語

ChatGPTはGPTという言語モデルをベースにしている対話式AI（人工知能）です。GPTは「**Generative Pre-trained Transformer**」の略です。そのまま訳すと、「**事前学習された生成モデル**」という意味になります。

2018年のGPT-1から始まり、ChatGPTが公開された2022年のモデルがGPT-3.5、そして2023年3月にリリースされた最新モデルがGPT-4です。

GPT-3.5とGPT-4はいずれも2021年9月までの大規模なデータを事前学習している言語モデルです。

学習内容については大規模ではあるものの非公開です。**日本の情報も含まれるものの、ベースとなっている言語は**英語であり、圧倒的に英語での学習量が多いといえます。

1-5

ChatGPTの頭の中の種明かし

○無難な答えばかり返ってくるわけ

ChatGPTは意外にシンプルな仕組みで成り立っています。**与えられた文脈から確率的に次に続く単語を予測しているだけなのです。**

たとえば、「情けは人の」と言われたら、多くの方が「為ならず」と答えるでしょう。

「犬も歩けば」と言われたら「棒に当たる」ですよね。

質問に対する答えが複数ある場合、以下のようなグラフを思い浮かべてください。

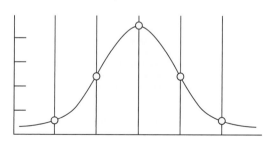

グラフで山になっているところは多くの人が答える確率
の高い回答です。

　中心の山から離れる程、少数派のレア回答です。

　**ChatGPTでは、大規模に学習した内容から、山の部分
のような確率の高い答えが返ってきます。** そのため、ごく
普通で無難な回答が返ってくるわけです。

　これがChatGPTの頭の中の種明かしです。後に詳しく
解説しますが、**このことを理解しているかどうかは、
ChatGPTをうまく使いこなせるかどうかに大きな影響を
与えます。**

1-6

ChatGPTに知識を求めない

○情報の鮮度に気をつける

先ほど解説したように、ChatGPTは2021年9月までの学習データを用いているため、情報の鮮度に注意が必要です。また、**情報の精度も高くないため、ファクトチェック（事実確認）が必要不可欠**なのです。

そもそも、ChatGPTは**辞書や専門書の代わりに正確な知識を求めるような用途には向いていません。**

そのことを、以下の2例から確認してみましょう。

○例① 日本の総理大臣を質問する

質問：日本の総理大臣は？

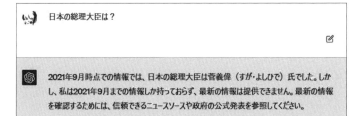

> 日本の総理大臣は？

> 2021年9月時点での情報では、日本の総理大臣は菅義偉（すが・よしひで）氏でした。しかし、私は2021年9月までの情報しか持っておらず、最新の情報は提供できません。最新の情報を確認するためには、信頼できるニュースソースや政府の公式発表を参照してください。

ChatGPTも2021年9月時点の情報だとしながら、菅総理と答えました。

質問：岸田総理じゃないの？

 日本の総理大臣は岸田文雄です。

 申し訳ありませんでした。おっしゃる通り、現在の日本の総理大臣は岸田文雄（きしだ・ふみお）氏です。彼は2021年10月4日に就任しました。岸田文雄氏は自由民主党の党首でもあります。おっしゃっていただき、ありがとうございました。

申し訳ありませんと、最初にお詫びの文言がでてくるあたり、日本文化をわかっているようです。

文面もとても丁寧で不自然なところはなく、人間とやりとりしているようなスムーズな会話と言えます。

○例②　日本の都道府県面積を確認する

例①では日本の総理大臣について確認しましたが、次は日本の都道府県の面積についてはどのように回答するのか、確認してみます。

指示：日本の都道府県を面積の狭い順で5位までランキングを表形式でつくって

小さい県の代表と言えば香川県だと思いますが、5位までに入っていません。また愛知県はそれほど小さな県ではないような気がします。

実際の面積も表示されていないので、追加で聞いてみましょう。

指示：面積も表示して

 面積も表示して

以下は、日本の都道府県を面積の狭い順にランキングした表形式のリストです（5位まで）。面積は平方キロメートル（km²）で表示しています。

順位	都道府県	面積（km²）
1	大阪	1,905
2	愛知	5,172
3	神奈川	2,415
4	東京	2,188
5	京都	4,612

このランキングは、2021年9月時点のデータを基にしています。なお、ランキングは都道府県の面積に基づいており、狭い順に並べています。

　面積も表示されましたが、ランキングという割にはここに表示されているものがそもそも面積順に並んでいません。

　ちなみに、2023年1月1日時点の正しい情報はこちらです。

1位　　香川県　1,877㎢

2位　　大阪府　1,905㎢

3位　　東京都　2,194㎢

4位　　沖縄県　2,282㎢

5位　　神奈川県 2,416㎢

やはり日本の情報に対する学習は不十分なようです。情報鮮度にだけ注意をしていればよいというものでもなく、**ファクトチェック（事実確認）が必要不可欠です。**

現在、ChatGPTの日本のユーザー数はアメリカ、インドに次いで、世界第3位と言われています。

2023年4月に来日したOpenAIのCEOのサム・アルトマンが「**今後、日本語関連の学習ウェイトを高める**」と発言したのは、このことが関係しています。

日本語や日本に関する情報の学習量が増えることで、日本語で使用した場合のChatGPTの応答精度が飛躍的に高まる可能性があります。

つい先日までこの質問に表示される面積の数字も間違っていたのですが、2023年5月時点で面積の数字は正しく表示されるようになりました。これはChatGPTの学習が進んでいることを表しているとも言えます。

1-7

ChatGPTが得意なこと、苦手なこと

○ChatGPTの得意なこと

ChatGPTが得意ことと苦手なことをまとめて解説します。

ChatGPTが得意なのは主に下記の5つです。

❶自然な質疑応答
❷人間に近い文章作成
❸多言語間の翻訳
❹文章の添削・校正・要約
❺アイデアの提案

ChatGPTは大規模なデータの学習により、人間に近い自然な会話や言語で文章を作成することができます。

また、このことを利用し、文章を添削・校正・要約することも得意ですし、幅広く学習した知識を基にしたアイデア出しもできます。

多言語に対応していることから、翻訳に関しても得意としています。

○ChatGPTの苦手なこと

ChatGPTが苦手なのは主に、以下の5つです。

❶**正確な情報**
❷**最新の情報やローカルな情報**
❸**出所が明確な情報**
❹**計算**
❺**長い文章**

ChatGPTは、正確な知識や情報を求めるためのものではありません。基本的に2021年9月までの事前に学習済みのデータを基に答えるため、最新の情報やローカルな情報を尋ねた場合も、確率的に続く可能性が高い言葉で回答します。また事前に学習済みのデータは非公開のため出所は明確ではありません。

計算に関しても、計算を行うというよりも、事前に学習済みのデータから次に続く可能性が高い内容を答えるため正確だとは言えません。

また、対話型のAIであるため、ある程度の長さは問題ありませんが、長文には向いていません。

本書では、このような長所と短所を踏まえた上で、ChatGPTの使い方をわかりやすく解説していきます。

CHAPTER 2

ChatGPTの
登録方法と
使い方

2-0

ChatGPTの登録方法

○PCを使って登録する方法

　ChatGPTはPCでもスマートフォンでも利用・登録ができます。ここでは、PCを使った登録方法を紹介します。

　すべて英語で書かれているページになりますが、英語が苦手でも簡単に登録できます。

ステップ1：OpenAIのサイトにアクセスする

　まずは、以下のURLからOpenAIのサイトにアクセスしましょう。このページでは、ピンクの「Try ChatGPT」のボタンをクリックするだけでOKです。

https://openai.com/blog/chatgpt/

ステップ2：「Sign up」のボタンを押す

緑のボタンが2つ並んだページに飛びます。

初回は、右の「Sign up」ボタンを選んで次の画面へ進み、登録を進めていきましょう。

アカウント作成後は、左のログインボタンからChatGPTの基本画面に入ることができます。

ステップ3：アカウントもしくはメールアドレスの認証

もし、GoogleアカウントやMicrosoftアカウントを持っていれば、そこから認証して次の名前入力画面に移り、ChatGPTのアカウントも作成することができます。

どちらのアカウントもない場合は、「Email address」のボックス内に任意のメールアドレスとパスワードを入力し、「Continue」ボタンをクリックします。

すると、確認メールが入力したメールアドレス宛に送信されます。その確認メール内に含まれる「Verify email address」リンクを押してください。そうすると、メールアドレスの認証が終わり、名前を入力する画面に移ります。

ステップ４：名前と電話番号を入力

名前を入力後、「Continue」ボタンをクリックします。

すると、電話番号を入力する画面が出てくるので入力し、入力後に「Send code」ボタンを押します。

その後、入力した電話番号にSMSが送られてくるので、そのSMSに書かれているコードをPCに入力します。

最後に、使用目的を選べば、無事に登録は完了です。

登録できると、下の基本画面に移り変わります。

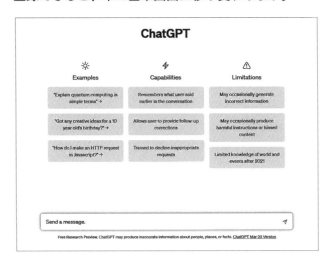

○スマホでChatGPTを使う方法

ChatGPTはスマホからでも使用可能です。

ChatGPTに限らず、スマホで何らかのツールを使用する場合には

・**スマホアプリを使用する方法**
・**ブラウザから使用する方法**
があります。

ChatGPTの場合、**公開当初はスマホのブラウザを使用する方法しかありませんでしたが、2023年5月にiPhone用アプリの提供が始まりました。**

iPhoneだけでなく、Androidでも提供されることが予定されています。

ただし、スマホアプリのなかには、ChatGPTと誤認しやすい別アプリも多くありますので、その点はご注意ください。

登録方法はPC版でご紹介しましたが、スマホ版も流れは概ね同じです。また、一つアカウントがあれば、PCでもスマホでも同じアカウントでログインできるため、デバイスごとに別々に登録する必要はありません。

アカウント内のチャットも、別デバイスでログインしたとしても引き継がれています。

アカウント作成後は、ステップ2の画面の左にあるログインボタンから、いつでも基本画面に戻ることができます。

本書では、ブラウザ版の使用方法の画面で解説します。

2-1

基本操作①
質問・指示をする

○何を質問・指示しても自由

　無事、登録やログインができたら、さっそくChatGPTを使ってみましょう。

　改めて、無料版ChatGPTの基本画面を見てみます。

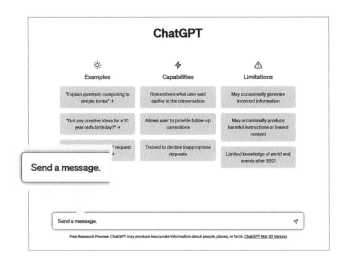

　すると、下の方に「**Send a message.**」と薄く書かれた入力ボックスがあるのがわかります。

　このボックス内に質問文・指示文を入力し、入力ボック

ス内の一番右側にある送信ボタンを押してみましょう。ち
なみに、スマホアプリでは音声入力も可能です。

　ここからは、何を質問したり、指示したりするのも、本
当にあなたの自由です。とはいえ、いきなり自由だと言わ
れても何をしていいのかわからないと思います。

　**最初は、自分が知らないことを聞くよりも、自分が得意
で詳しい分野の質問をしてみることをおすすめします。**

　私は、トイプードルの特徴を聞いてみます。

指示：トイプードルの特徴を教えて

トイプードルは、中型から小型の犬種で、知的で活発な性格と、カールしたシルクのような被毛が特徴的な犬種です。

以下はトイプードルの特徴です。

1. カールした被毛：トイプードルの被毛は、独特のカールがかかっており、柔らかく、シルクのような質感があります。被毛は、アプリコット、ブラック、ブルー、ブラウン、グレー、レッド、ホワイトなど、多様な色があります。
2. 中型から小型のサイズ：トイプードルは、体重が3〜6キログラム程度で、肩高は20〜30センチメートル程度の中型から小型の犬種です。
3. 賢く活発な性格：トイプードルは、非常に知的で、素早く学習し、トレーニングが容易です。また、活発でエネルギッシュな性格で、散歩や運動が必要です。
4. 穏やかで家族に忠実：トイプードルは、穏やかで家族に忠実な性格を持っています。また、子供や他のペットともうまくやっていくことができます。
5. アレルギーを引き起こしにくい：トイプードルは、アレルギーを引き起こしにくい犬種の一つです。被毛が抜けにくく、低アレルゲン性があるため、アレルギーの人にもおすすめの犬種とされています。

以上が、トイプードルの特徴です。

　上画面と次ページがそれに対するChatGPTの答えです。

　これ以降、ChatGPTの回答は次ページのような黄色ボ
ックスで表します。

トイプードルは、中型から小型の犬種で、知的で活発な性格と、カールしたシルクのような被毛が特徴的な犬種です。

以下はトイプードルの特徴です。

1. カールした被毛：トイプードルの被毛は、独特のカールがかかっており、柔らかく、シルクのような質感があります。被毛は、アプリコット、ブラック、ブルー、ブラウン、グレー、レッド、ホワイトなど、多様な色があります。

2. 中型から小型のサイズ：トイプードルは、体重が3〜6キログラム程度で、肩高は20〜30センチメートル程度の中型から小型の犬種です。

3. 賢く活発な性格：トイプードルは、非常に知的で、素早く学習し、トレーニングが容易です。また、活発でエネルギッシュな性格で、散歩や運動が必要です。

4. 穏やかで家族に忠実：トイプードルは、穏やかで家族に忠実な性格を持っています。また、子供や他のペットともうまくやっていくことができます。

5. アレルギーを引き起こしにくい：トイプードルは、アレルギーを引き起こしにくい犬種の一つです。被毛が抜けにくく、低アレルゲン性があるため、アレルギーの人にもおすすめの犬種とされています。以上が、トイプードルの特徴です。

2-2

基本操作②
答えが途中で止まった時の対処法

○「Continue generating」ボタンが表示される

ChatGPTの出す答えが長い文章になると、話の途中で止まってしまうことがあります。

話につづきがある場合、「**Continue generating**」**ボタンが下部に表示されます。**このボタンを押すとつづきが始まります。

または、「つづき」と入力して送信すると、つづきの答えが始まります。

実際に試してみましょう。あえて長い文章を依頼したいので、文字数を1000文字と指定します。

指示：伝わる文章の書き方のコツを1000文字で書いて

文章を書く際、伝えたいことが相手にちゃんと伝わるようにすることが大切です。そのために、以下のコツを守って文章を書くことをおすすめします。

1. 目的を明確にする

まず、文章を書く前に伝えたいことの目的を明確にすることが重要です。何を伝えたいのか、どういう結果を期待しているのか、明確にしておくことで、文章を書く上での方向性が決まります。

2. 読み手に合わせる

伝えたいことを考えるだけでなく、読み手に合わせて文章を書くことも大切です。読み手の知識や背景、興味関心などに合わせて、文章の難易度や内容を調整することで、読み手にとってわかりやすい文章になります。

3. 文章の構成を考える

文章は、タイトル、はじめ、本文、結び、署名のように構成されます。それぞれの役割を考え、スムーズに読み進められるような構成にすることが大切です。

4. 簡潔で明瞭な表現を心がける

文章を書く際には、簡潔かつ明瞭な表現を心がけることが重要です。冗長な表現や専門用語は読み手にとってわかりにくくなりますので、できるだけシンプルな表現を使いましょう。

5. 具体例や説明を加える

文章に具体例や説明を加えることで、よりわかりやすく伝えることができます。読み手にとってなじみ深いものを使うことで、伝えたいことがより鮮明になります。

6. 読み手に呼びかける

文章を書く際には、読み手に直接呼びかけるような表現を使うと、読み手との距離が近づきます。例えば、「あなたにとっても同じことが言えますか？」のような表現を使うと、読み手も自分に問いかけられているような感覚になります。

7. 校正する

文章を書いた後には、必ず校正を行いましょう。文章に誤字脱字や文法のミスがあると、伝えたいことが正確

ここで止まりましたので、「**Continue generating**」ボタンを押します（もしくは、「**つづき**」と入力します）。

すると、次のようにつづきの答えがはじまり、今度は最後まで書き切ってくれました。

に伝わらず、読み手にとって不快な印象を与えることもあります。また、文章を書いた自分自身が校正するだけでなく、他の人に読んでもらってフィードバック

をもらうこともおすすめです。

8. 視覚的な要素を活用する

文章に視覚的な要素を加えることで、読み手に伝えたいことをより効果的に伝えることができます。例えば、箇条書きや図表などを使うことで、複雑な内容を分かりやすく整理することができます。

9. 文章のリズムに注意する

文章のリズムにも注意を払いましょう。長文ばかり続くと読み手の集中力が切れてしまいます。短文と長文を組み合わせたり、文の始まりを変えたりすることで、読みやすくすることができます。

10. 感情や説得力を表現する

文章に感情や説得力を表現することで、読み手の共感を引き出すことができます。自分の考えや感情を率直に表現することで、読み手もその気持ちに共感することができます。

以上が、文章を書く際に注意すべきコツです。これらのコツを意識しながら文章を書くことで、伝えたいことを相手にしっかりと伝えることができます。また、文章力を磨くためには、日常的に読書や文章を書くことが大切です。慣れることで、より自然な文章が書ける

ようになるでしょう。

　ChatGPTは長い文章は得意ではありません。そのため、途中で止まることがよくありますが、そんなときは焦らずに「**Continue generating**」ボタンを押すか、「**つづき**」と入力しましょう。

2-3

基本操作③
再回答を指示する

○ChatGPTの答えに不満がある場合の対処法

ChatGPTから返ってきた答えに満足することもあれば、これでは不満足だと思うこともあるでしょう。

ChatGPTの出す答えに不満があるときは、差し戻して再度答え直しをさせることができます。

「**Regenerate response**」と書かれているボタンを押すだけでOKです。PC版では、質問・指示を入力するテキストボックスの上にあります。

スマホの場合は、送信ボタンのとなりにあるマークをタッチすると、答え直しをさせることができます（次ページ画像参照）。

また「**もう少し詳しく**」「**つづきを聞かせて**」などと指示することで、ChatGPTの回答を掘り下げることもできます。

- プードルは、高い知能と社交的な性格で知られる小型犬の品種です。
- 彼らは、くるくるとした、柔らかい被毛を持っており、ほとんどが非常に人に優しいです。
- 彼らはしばしば、トリミングされた芸術的にデザインされた髪型で知られています。
- トイプードルは、小さく、一般的には6ポンド未満で、屋内で飼育するのに最適なサイズです。
- 彼らは、散歩、ランニング、スイミング、遊び、訓練など、多くの活動に参加することができます。

Send a message.

2-4

基本操作④
複数のチャットを使い分ける

○新しい会話に移る

　別の話題に移りたいときには、左上の「**New chat**」を
クリックして新しい話題をスタートしましょう。

　スマホ画面の場合は右上のプラス（＋）マークです。

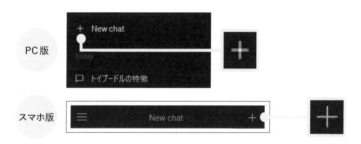

　たとえば、トイプードルの特徴の次に、都道府県の面積
についてChatGPTに質問をすると、左側にこのように新
しいチャットが増えていきます。

○チャットタイトルを変更する

新しいチャットには、それぞれタイトルが自動的に付与されていきます。ただし、**ChatGPTから自動的に付与されたタイトルがわかりやすいとは限りません。**

タイトルはあとから自由に変更することができます。

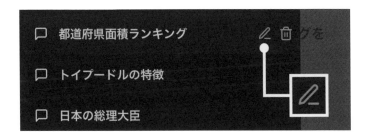

チャットタイトルの右側のエンピツマークをクリックして、タイトルを修正します。

変更したタイトルに問題がなければ、チェックマークをクリックしてタイトルを確定させます。

この方法はパソコン・スマホともに共通です。

○前回のチャットのつづきを呼び出す

　これまで指示したチャットの履歴は削除しない限り保存されています。

　前回のチャットのつづきを行う場合は、そのときのチャットを選択することで、つづきを行うことができます。

　前回のチャットを選択してつづきから再開した場合は、その教えた内容をもとに、つづきを行うことができます。

　しかし、「New chat」で新しいチャットを立ち上げると、前回教えた情報はリセットされてしまいます。

　これはパソコン画面、スマホ画面とも共通です。

○チャット履歴を削除する

　新しいチャットを立ち上げることを繰り返していくうちに、だいぶチャットも蓄積されていきます。

　もう必要ないチャットが残っている場合は、削除して整理していくことができます。

　削除したいチャットタイトルの右側にあるゴミ箱マークをクリックします。

　ここでは、「都道府県面積ランキング」の下にある「トイプードルの特徴」を削除します。

　その場合、まずは「トイプードルの特徴」を選択し、上のゴミ箱マークが出てきたら選択します。

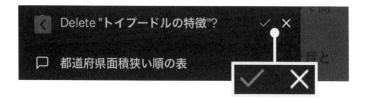

　ゴミ箱マークをクリックすると、削除対象となったチャットタイトルの前に「**Delete**」と出ました。

　削除してよろしければ、チェックマークをクリックします。削除をキャンセルする場合は×マークをクリックすれば、削除は行われません。

　これはパソコン画面、スマホ画面とも共通です。

○チャット内容をコピーする

　ChatGPTが答えた内容を利用するときに、その答えをメモアプリやWord、PowerPointなどにコピーして使いたいというケースが出てくると思います。

　ChatGPTには答えを簡単にコピーする機能もあります。**下の画像で強調されている部分をクリックするとChatGPTの答えがコピーされます。ちなみにあなたの指示内容はコピーされません。**ここでコピーした内容を、メモアプリや必要なアプリ内でペーストして活用しましょう。

スマホ
画面

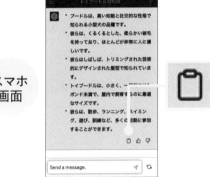

PC
画面

2-5

その他便利な基本操作①
表の作成

○表をコピペするためのコツ

以下のように表形式にすることもできます。

1-14日までの予約表を作って、表の中は空欄にしておいて

了解です。以下に、1月から14日までの予約表を作成します。各日付ごとに列を作り、時間帯ごとに行を作成します。空欄には「-」を表示します。

日付	9:00	10:00	11:00	12:00	13:00	14:00	15:00	16:00	17:00
1日	-	-	-	-	-	-	-	-	-
2日	-	-	-	-	-	-	-	-	-
3日	-	-	-	-	-	-	-	-	-
4日	-	-	-	-	-	-	-	-	-
5日	-	-	-	-	-	-	-	-	-
6日	-	-	-	-	-	-	-	-	-

表形式はとても見やすいですね。

せっかくChatGPT上で見やすいので、これをそのままExcelやGoogleスプレッドシートにコピペして使用したい

ところです。

しかし、ChatGPTのコピーボタンをクリックしてExcel
やGoogleスプレッドシートにペーストすると、以下のよ
うに表形式が失われてしまいます。

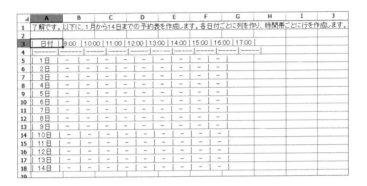

これでは都合が良くありません。

表形式を維持したままコピペしたい場合は、ChatGPTの
コピーボタンは使用しないようにしましょう。

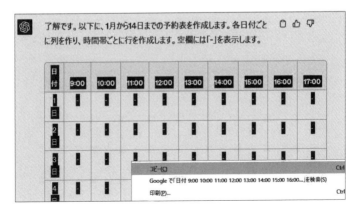

　まずは、左下の画像のように、表の必要な部分をマウスでドラッグして選択します。

　その後、選択部分の上で右クリックしてメニューからコピーを選びます。

　そして、コピー後にExcel、またはGoogleスプレッドシートにペーストします。

　この方法であれば、表形式を維持できます。

　そして、列幅を整えれば、ChatGPTからコピペした表をより見やすくすることができます。

　うまくいけば、以下のような表になるでしょう。

▲	A	B	C	D	E	F	G	H	I	J
1	日付	9:00	10:00	11:00	12:00	13:00	14:00	15:00	16:00	17:00
2	1日	-	-	-	-	-	-	-	-	-
3	2日	-	-	-	-	-	-	-	-	-
4	3日	-	-	-	-	-	-	-	-	-
5	4日	-	-	-	-	-	-	-	-	-
6	5日	-	-	-	-	-	-	-	-	-
7	6日	-	-	-	-	-	-	-	-	-
8	7日	-	-	-	-	-	-	-	-	-
9	8日	-	-	-	-	-	-	-	-	-
10	9日	-	-	-	-	-	-	-	-	-
11	10日	-	-	-	-	-	-	-	-	-
12	11日	-	-	-	-	-	-	-	-	-
13	12日	-	-	-	-	-	-	-	-	-
14	13日	-	-	-	-	-	-	-	-	-
15	14日	-	-	-	-	-	-	-	-	-

2-6

その他便利な基本操作②
箇条書き↔文章

○箇条書きの個数も指定できる

　ChatGPTは何も指定をしないと、文章で答えるケースと箇条書きで答えるケースがあります。

　もし、あなたが箇条書きで答えてほしい場合には、そのように指示をしましょう。

　その際に次のように箇条書きの個数も指定できます。

≡	トイプードルの特徴	+

Model: Default (GPT-3.5)

（👤）**トイプードルの特徴を箇条書きで5つ挙げて**

✏

（⬡）　• **トイプードルは、中型犬種のプードルの最小サイズで、体高は25cm以下、体重は3kg以下です。**

指示：トイプードルの特徴を箇条書きで5つ挙げて

・トイプードルは、中型犬種のプードルの最小サイズで、体高は25cm以下、体重は3kg以下です。

・彼らは、プードルの他のサイズと同様、飼い主に対する忠実さ、知性、そして高い訓練能力で知られています。

・トイプードルは、かわいらしい見た目と柔らかい毛並みが特徴で、毛色は白、黒、グレー、ブラウン、アプリコット、レッドなど多彩です。

・彼らは、繊細で神経質な傾向があるため、飼い主は穏やかで、安定した家庭環境を提供することが重要です。

・運動量は適度で、定期的な運動と適切な食事管理が必要です。また、トイプードルの被毛は高いメンテナンスが必要で、定期的なグルーミングが必要です。

では、これを文章にしてもらいます。

 これを文章にしてください

トイプードルは、中型犬種のプードルの最小サイズで、体高が25cm以下、体重が3kg以下の小型犬です。彼らは、プードルの他のサイズと同様、飼い主に対する忠実さ、知性、そして高い訓練能力で知られています。トイプードルは、かわいらしい見た目と柔らかい毛並みが特徴で、毛色は白、黒、グレー、ブラウン、アプリコット、レッドなど多彩です。ただし、彼らは繊細で神経質な傾向があるため、穏やかで、安定した家庭環境を提供することが重要です。適度な運動と適切な食事管理が必要であり、トイプードルの被毛は高いメンテナンスが必要で、定期的なグルー

指示：これを文章にしてください

トイプードルは、中型犬種のプードルの最小サイズで、体高が25cm以下、体重が3kg以下の小型犬です。彼らは、プードルの他のサイズと同様、飼い主に対する忠実さ、知性、そして高い訓練能力で知られています。トイプードルは、かわいらしい見た目と柔らかい毛並みが特徴で、毛色は白、黒、グレー、ブラウン、アプリコット、レッドなど多彩です。ただし、彼らは繊細で神経質な傾向があるため、穏やかで、安定した家庭環境を提供することが重要です。適度な運動と適切な食事管理が必要であり、トイプードルの被毛は高いメンテナンスが必要で、定期的なグルーミングが欠かせません。全体的に、トイプードルは愛らしく、知的で、飼い主にとって素晴らしいペットとなることが多いです。

　今回は「箇条書き→文章」でしたが、もちろんその逆の「文章→箇条書き」も可能です。

2-7

その他便利な基本操作③
マークダウン形式の指定

○マークダウン形式に対応している

ChatGPTはマークダウン形式にも対応しています。

これも「**マークダウン形式で**」と指示するだけで問題ありません。

ChatGPTに本書の読者のペルソナの設定を指示し、マークダウン形式で答えてもらいました。

> 「ChatGPTは質問・指示が9割」の書籍読者のペルソナをマークダウン形式で設定して

書籍読者のペルソナ

基本情報

- 名前: 田中太郎
- 年齢: 35歳
- 職業: 会社員
- 性別: 男性
- 趣味: 読書、旅行、料理

購買意図

- 目的: 新しい知識を得たい、能力向上を図りたい
- 購買頻度: 月に1冊程度
- 購買方法: オンライン書店または書店で購入

その他の情報

- 読書歴が長く、幅広いジャンルの本を読む
- セルフヘルプ、ビジネス書、自己啓発系の本を好む

指示：「ChatGPTは質問・指示が9割」の書籍読者のペルソナをマークダウン形式で設定して

書籍読者のペルソナ

基本情報
・名前：田中太郎
・年齢：35歳
・職業：会社員
・性別：男性
・趣味：読書、旅行、料理

購買意図
・目的：新しい知識を得たい、能力向上を図りたい
・購買頻度：月に1冊程度
・購買方法：オンライン書店または書店で購入

その他の情報
・読書歴が長く、幅広いジャンルの本を読む
・セルフヘルプ、ビジネス書、自己啓発系の本を好む
・新しいアイデアや刺激的な情報に興味がある
・仕事やプライベートでの課題に対処するために本を読む
・購入する前に、書評や口コミを調べることがある

以上の情報から、このペルソナは知識を求める、自己啓発やビジネススキルの向上を目的として本を読む、あるいは個人的な課題に対処するために本を活用する会社員の男性と想定されます。興味のある分野やジャンルに幅広さがあり、購入前に書評や口コミを調べるという点も特徴的です。

CHAPTER 3

ChatGPTを
うまく使うための
活用法

3-0

ChatGPTを
自分の部下だと考える

○ChatGPTを先生だと思ってはいけない

　よくニュースや情報番組などで、ChatGPTに「○○を教えて」と知識を聞いている場面を目にする機会がないでしょうか。

　しかし、基本的にChatGPTはOpenAIが大量に学習させた2021年9月までの情報をベースに回答します。

　ChatGPTを先生だと思っていろいろ尋ねてしまう使い方はおすすめできません。

○ChatGPTの答えを取捨選択する

　ChatGPTはあなたの優秀な部下であり秘書です。

　あなたが適切な指示を出せば、ビジネスやプライベートの相談相手としていくつかの案をもらえます。

　ただし、それをどう利用するかは上司であるあなた次第。事実確認をし、選定し、ブラッシュアップして、使えるものに仕上げる必要があります。

　優秀な部下ではあるのですが、間違ってしまうこともあります。部下の出したものを取捨選択し決断するのは、あ

くまでもあなたなのです。

　もちろん、部下と言っても人間ではなくAIです。
「それはなぜ？」「そこをもっと詳しく」「その答え以外に
他にはない？」など、何をしつこく尋ねたとしても、気分
を害してしまうことも、パワハラになることもありません。
　**何度でも尋ねて、何度でも答え直させて、回答を深掘り
することをおすすめします。**

　ChatGPTはまだ進化の途中段階であり、完全なもので
はありません。それでも、かなりの多くの知識を学習し、多
言語を使うことができ、テクノロジーに精通しています。
　そして、あなたにはない多角的な視点も持っています。企
画や提案など、アイデアを考えるときの頼もしい相談相手
にもなるのです。

　そんな視点でChatGPTを利用していきましょう。
　本章では、Chapter 2でお伝えした基本操作をもとに、す
ぐに使える活用例をご紹介します。

3-1

スピーチ原稿の作成を指示する

○段階を踏んで指示を出す

カジュアルな朝礼、または冠婚葬祭や宴席など、ちょっとしたスピーチをする機会はよくあるものです。

しかし、慣れていないと事前原稿の準備に時間を取られたり、慣れているとマンネリにならないようにネタ探しをしたり、スピーチの準備はなかなか大変です。

ここでは朝礼での1分スピーチをテーマに、ChatGPTに指示を出していきましょう。

指示を出すときのコツは、すぐに**「スピーチ原稿を作って」と指示しない**ことです。

まずアイデア出しを指示し、そのあと順を踏んで原稿作成のドラフト案を作ります。実際にやってみましょう。

指示：朝礼で話す1分スピーチのネタを10個あげて

> 1. 現在の時事問題についての見解や意見
> 2. 昨日の出来事についての共有や反省
> 3. 今後の計画や目標についての共有
> 4. おすすめの本や映画、音楽などの紹介

5. 会社やチームの取り組みや成果についての報告

6. 仕事上のトラブルや課題についての相談

7. 自己紹介や職務経歴の共有

8. 日常生活での工夫やアイデアの共有

9. 職場でのコミュニケーションの改善についての提案

10. モチベーションアップにつながる言葉やエピソードの共有

10個のアイデアが出ました。

もう少し、具体例がほしいですね。

指示：それぞれの内容の具体例を3つずつリストアップして

では、具体例をより詳しく見てみましょう。

時事問題についての見解や意見

１．政治家の発言や行動についての感想

２．新型コロナウイルスの感染拡大についての対策についての考え

３．環境問題についての自分の考えや行動

昨日の出来事についての共有や反省

１．昨日の会議で得た知見や感じたことの共有

２．昨日のタスクでミスをした際の反省

３．環境問題についての自分の考えや行動

（中略）

コミュニケーションの改善についての提案
１．昨日の会議で得た知見や感じたことの共有
２．昨日のタスクでミスをした際の反省
３．環境問題についての自分の考えや行動

モチベーションアップにつながる言葉やエピソードの共有
１．成功するために必要なマインドセットについての共有
２．モチベーションを高めるための自分なりの方法についての共有
３．昔の自分と今の自分を比較し、成長を実感できた出来事についての共有

以上が、１分スピーチのネタになる10の種類と、それぞれの種類に対する具体例です。参考にしていただければ幸いです。

このように、それぞれの10個のアイデアに対して３つずつの具体例が出ました。すべては紙面には入りきらないので、ここでは「中略」の形で省いていますが、これだけの

具体例をすぐに出してくれるのは凄いことですよね。

　では、この具体例の中からよさそうなものを選んで、実際にスピーチ原稿を書いてもらいましょう。

　指示：「コミュニケーションの改善についての提案」と「モチベーションアップにつながる言葉やエピソードの共有」の内容をそれぞれ1分スピーチの原稿を書いて

はい、では実際に1分スピーチの原稿を書いてみます。

コミュニケーションの改善についての提案
皆さん、おはようございます。最近、チーム内でのコミュニケーションの改善について考えていました。特に、メールやチャットでのやり取りが多い中で、情報の共有が不十分だったり、誤解が生じてしまうことがあるのではないかと感じています。そこで、私から提案したいのは、メールやチャットでのやり取りにおいては、相手が理解しやすいよう、簡潔にまとめ、具体的な言葉を使うことです。また、意見の食い違いが生じた際には、すぐに対話をすることで、より円滑なコミュニケーションができると思います。今後もチーム内のコミュニケーション改善に向け、一緒に取り組んでいきましょう。
モチベーションアップにつながる言葉やエピソードの共有

おはようございます。今日は、私がモチベーションを
アップさせるために大切にしている言葉やエピソード
を共有したいと思います。私は、困難な状況に直面し
た際に、有名なスポーツ選手の言葉を思い出すように
しています。「疲れたときにやめるのではなく、やめた
いと思ったときに疲れたと感じるまでやることが大切
だ」という言葉です。また、成功するために必要なマ
インドセットについて、自己啓発本やセミナーなどを
積極的に参加し、学ぶようにしています。これらの言
葉やエピソードを思い出すことで、モチベーションを
高め、目標に向かって邁進することができます。皆さ
んも、自分なりの方法でモチベーションをアップさせ
て、目標達成に向けて一緒に頑張りましょう。

今回、特に指定したわけではないのですが、マークダウ
ン形式で回答しました。このように、形式を指定しなくて
もChatGPTの判断で、箇条書きになったり、マークダウ
ン形式になったりすることがあります。

内容はそっくり、このまま使えるものではないかもしれ
ません。それでも、**ドラフト案として、これをベースに修
正していくことができるレベルではないでしょうか。**
あなたの仕事をサポートしてくれるAI秘書がついてくれ
たのだと考え、時間をとられていた仕事の効率化に役立て
ていきましょう。

3-2

文章の校正を指示する

○どこを校正したのかも教えてくれる

ビジネスシーンにおいて、文章作成の機会は意外とたくさんあります。その中で、わかりやすく、伝わりやすく、正しい文章を作成することがますます重要になっています。

しかし、**あなたのそばにはChatGPTという校正を得意とする部下がいます。**しかも無償で驚くべきスピードで仕事をこなす心強い味方です。文章の校正は、ぜひ皆さんに利用してほしいおすすめの使い方です。

実際にChatGPTに校正してもらいます。まずは、あえて校正が必要な文章を用意しました。

指示：下記の文章を校正して

伝わる文章を書くには、読者の視点に立ち、読み手が理解しやすい文章を作成することが重要で特に、ビジネスシーンでは、正確で分かりやすい文章が求められます。伝わりやすいためには、PREP法という手法を用いることが有効でで、伝わりやすく分かりやすい文章を作成することができます。PREP法は、プレゼンテーションや文章を書く

際に用いる手法で、以下の4つのステップから構成され1つ目は、P（Point）で、まず最初に伝えたいポイントを決めます。文章全体を通して伝えたいメッセージの核心を伝えます。2つ目のR（Reasons）では、そのポイントの理由を説明しますが、理由を次に伝えることにより、ポイントを強化し、重要性を理解しやすくします。2つ目のE（Examples）では、ポイントを補強するために具体例を1つ、または複数用意することにより、読者がよりポイントを明確に理解し、説得力を持たせることができます。最後に、最初に述べたポイントを繰り返すのが4つ目のP（Point）です。読者がメッセージをしっかりと理解し、印象に残りやすくなるのがPの良い点です。この手法を用いることで、まず最初に伝えたいメッセージを明確にし、そのメッセージを強化するための理由や具体例を挙げることで、読者に伝わりやすく分かりやすい文章を作成することができ、また、PREP法は、ビジネスシーンだけでなく、レポートやビジネスメールなど、様々な文章を作成する際にも応用することができます。ビジネスシーンの中で正確で分かりやすい文章が求められるため、PREP法を活用して、よいコミュニケーションを図りましょう。

伝える文章を書くには、読者の視点に立ち、読み手が理解しやすい文章を作成することが重要です。特にビジネスシーンでは、正確かつ分かりやすい文章が求められます。PREP法という手法を用いることで、伝わ

りやすく分かりやすい文章を作成することができます。

PREP法は、プレゼンテーションや文章を書く際に用いる手法で、以下の4つのステップから構成されます。1つ目のP（Point）では、まず伝えたいポイントを決めます。文章全体を通して伝えたいメッセージの核心を伝えます。2つ目のR（Reasons）では、そのポイントの理由を説明します。理由を次に伝えることにより、ポイントを強化し、重要性を理解しやすくします。3つ目のE（Examples）では、ポイントを補強するために具体例を1つまたは複数用意します。これにより、読者がよりポイントを明確に理解し、説得力を持たせることができます。最後に、4つ目のP（Point）で最初に述べたポイントを繰り返します。これにより、読者がメッセージをしっかりと理解し、印象に残りやすくなります。

PREP法を用いることで、まず最初に伝えたいメッセージを明確にし、そのメッセージを強化するための理由や具体例を挙げることで、読者に伝わりやすく分かりやすい文章を作成することができます。また、PREP法は、ビジネスシーンだけでなく、レポートやビジネスメールなど、様々な文章を作成する際にも応用することができます。正確で分かりやすい文章を作成することは、ビジネスシーンにおいて非常に重要です。

PREP法を活用して、より効果的なコミュニケーションを図りましょう。

　具体的にどこを校正してくれたのかについても聞くことができます。

指示：上記の校正では、どこをどんな視点で修正したのか教えて

以下の箇所を修正しました。

・「伝わる文章を書くには」→「伝える文章を書くには」。こちらの方が文章全体のテーマに沿った表現になります。
・「特に、ビジネスシーンでは、正確で分かりやすい文章が求められます。」→「特にビジネスシーンでは、正確かつ分かりやすい文章が求められます。」。こちらの方が文法的に正しい表現になります。
・「PREP法という手法を用いることが有効でで、」→「PREP法という手法を用いることが有効で、」。文中の誤字を修正しました。
・「最初に、P（Point）で、まず最初に伝えたいポイントを決めます。」→「1つ目のP（Point）では、まず伝えたいポイントを決めます。」。文中の表現をより明確にしました。

・「最後に、最初に述べたポイントを繰り返すのが4つ目のP（Point）です。」→「最後に、4つ目のP（Point）で最初に述べたポイントを繰り返します。」。文中の表現をより明確にしました。

・「ビジネスシーンの中で正確で分かりやすい文章が求められるため、PREP法を活用して、よいコミュニケーションを図りましょう。」→「正確で分かりやすい文章を作成することは、ビジネスシーンにおいて非常に重要です。PREP法を活用して、より効果的なコミュニケーションを図りましょう。」。文中の表現をより明確にし、文章全体の流れに合わせた表現に変更しました。

あなたの文章でもぜひ試してみてください。

3-3

他の言語への翻訳を指示する

○ChatGPT内で翻訳まで完結する

ChatGPTは翻訳が得意です。

では具体的にどんな言語に対応しているのか、まずは
ChatGPTに確認します。

指示：ChatGPTはどんな言語に対応しているの？

ChatGPTは、英語を含む多数の言語に対応していま
す。具体的には、英語、スペイン語、フランス語、ド
イツ語、イタリア語、ポルトガル語、オランダ語、ロ
シア語、日本語、韓国語、中国語（簡体字）、中国語
（繁体字）など、世界中の多くの言語に対応しています。
ただし、一部の言語については、他の言語に比べて性
能が低下することがあります。

では、3-1（60ページ）で例としてChatGPTに書いても
らった朝礼1分スピーチを英語に翻訳してもらいましょう。

指示：英語に翻訳して

Sure, here are the translations of the two speeches in English:

Speech on Communication Improvement

Good morning, everyone. Recently, I've been thinking about how we can improve our communication within the team. In particular, I'm concerned that information sharing may not be sufficient and misunderstandings may occur, especially in our email and chat exchanges. Therefore, my proposal is to use concise and specific language that is easy for the other person to understand in our email and chat exchanges. Also, I believe that resolving misunderstandings through dialogue as soon as possible will lead to smoother communication. Let's work together to improve communication within the team in the future.

Speech on Motivational Words and Stories

Good morning. Today, I would like to share with you some words and stories that I find motivational and help me stay motivated. Whenever I face a difficult situation, I remember the words of a famous athlete, "It's important to keep going until you feel tired when you want to quit, not when you're tired." Additionally, to maintain a mindset necessary for success, I actively participate in self-help books and seminars to learn more about it. By recalling these words and stories, I am able to increase my motivation and work towards my goals. I encourage everyone to find their own ways to stay motivated and work together towards achieving our goals.

英語には翻訳できましたね。
では、中国語はどうでしょうか

指示：中国語に翻訳して

关于沟通改善的演讲
大家早上好。最近，我在思考我们如何改善团队内的沟通。特别是，我担心信息共享不足和误解的发生，尤其是在我们的电子邮件和聊天交流中。因此，我提议在电子邮件和聊天交流中使用简洁和具体的语言，以便对方易于理解。此外，我认为通过对话解决误解将导致更顺畅的沟通。让我们共同努力改善团队内的沟通。
关于激励性言辞和故事的演讲
大家早上好。今天，我想与大家分享一些我认为具有激

励性并帮助我保持动力的言辞和故事。每当我面临困难的情况时，我会想起一位著名运动员的话："重要的是坚持到你想放弃的时候，而不是到你感到疲倦的时候。"此外，为了保持成功所需的心态，我积极参加自助书籍和研讨会以学习更多。通过回想这些言辞和故事，我能够增加动力并朝着目标努力。我鼓励大家找到自己的方法保持动力，并一起努力实现我们的目标。

Google翻訳やDeepLなど優秀な翻訳サービスは他にもありますが、文面を作ったあとにコピペするのが少し面倒ですよね。

ChatGPT内で、文面作成後にそのまま「翻訳して」の指示だけで完結できることは時短に繋がります。

今回はスピーチ原稿を翻訳しましたが、メールの文面など、ビジネスでこの翻訳機能を利用できるシーンはたくさんあることでしょう。

Excel関数の作成を指示する

○ChatGPTはExcelが得意

　あなたはExcelの関数は得意でしょうか？

　得意とはいかなくても、ヘルプを使いながら、なんとなく一般的な関数は使えるという方もいるかもしれません。

　しかし、そういった方も、突然エラーが出た場合、解決に時間を取られてしまうことがあります。

　また関数が得意な方も、関数すべてを覚えているわけではないので、調べながら使う方が多いことでしょう。

　今の時代、記憶することに時間を費やす意味が薄らいでいます。**覚えることよりは、使えることが重要な時代**になってきました。

　関数をすべて覚えていなくても、ChatGPTを使ってきちんと使いこなせれば問題ないわけです。

　ChatGPTにとっては、Excel関数やプログラミングは得意中の得意です。適切な指示で、ChatGPTに関数を作るための指示を出してみましょう。

　指示：ExcelでA1からA100までのセルの平均を計算し、

小数点以下第一位までで切り捨てする関数を書いて

Excelの平均関数（AVERAGE）を使って、A1からA100
までのセルの平均を計算し、小数点以下第一位までで
切り捨てる関数を作成するには、以下の手順を実行し
ます。

1. 平均を求めたいセル範囲を選択します。例えば、A1
からA100までのセル範囲を選択します。
2. 関数入力欄に「=TRUNC(AVERAGE(A1:A100),1)」
と入力し、Enterキーを押します。
3. 平均値が求められ、小数点以下第一位までで切り捨
てられた値が表示されます。

この関数では、AVERAGE関数でA1からA100までの
セルの平均を計算し、TRUNC関数で小数点以下第一
位までで切り捨てています。TRUNC関数は、第1引数
で指定された値を、第2引数で指定された桁数までで
切り捨てる関数です。

　関数がエラーのときには「エラー」と出てほしいのです
が、それを指示するのを忘れていたので、追加の指示を入
れます。

指示：エラーのときにはエラーと表示されるようにして

Excelで関数を作成する際には、時にエラーが発生することがあります。エラーが発生した場合には、その旨を表示することができます。以下の手順で、エラーが発生した場合に「エラー」と表示されるようにしてみましょう。

1. 平均を求めたいセル範囲を選択します。例えば、A1からA100までのセル範囲を選択します。

2. 「=IFERROR(TRUNC(AVERAGE(A1:A100),1),"エラー")」と関数入力欄に入力し、Enterキーを押します。

3. 平均値が求められた場合は、小数点以下第一位までで切り捨てられた値が表示されます。一方、エラーが発生した場合には、「エラー」と表示されます。

この関数では、AVERAGE関数でA1からA100までのセルの平均を計算し、TRUNC関数で小数点以下第一位までで切り捨てます。そして、IFERROR関数でエラーが発生した場合には、「エラー」と表示するようにしています。IFERROR関数は、第1引数で指定された式がエラーを返した場合には、第2引数で指定された値を返す関数です。

つまり、この関数をコピーすればいいということです。

=IFERROR(TRUNC(AVERAGE(A1:A100),1),"エラー")

細かい説明もつけてくれます。ChatGPTは気が利いた部下ですね。

今回の例のように、あとからステップを踏んで条件を追加していけばいいので、1回ですべてを指示しようと思わなくても問題ありません。

3-5

プリンタートラブルの解決を指示する

○カスタマーサポートとしての役割も果たす

ChatGPTによりカスタマーサポートやコールセンターの仕事がなくなるかも、と巷では言われています。

これまでにも、サポートのための自動応答チャットボットなどを使った経験はありますが、全然こちらの意図が伝わりません。定型的な答えにがっかりし、結局、人的なサポート担当者に繋いでもらっていました。

ChatGPTはどうでしょうか。こんなプリンターのトラブル解決について指示してみたいと思います。

指示：久しぶりにプリンターで印刷をしたら、赤のインクが出ません。どうしたらいい？

プリンターの赤インクが出ない場合、いくつかの原因が考えられます。以下の手順を試して、問題を解決してください。

1. インクが切れている可能性があるので、インクカートリッジを確認してください。もしインクが切れてい

る場合は、新しいインクカートリッジを購入して交換してください。

2. インクカートリッジが詰まっている可能性があるので、プリンターのメンテナンス機能を使用して、ノズルをクリーニングしてください。プリンターメーカーのWebサイトから、プリンターのマニュアルやドライバー、ユーティリティをダウンロードすることができます。

3. プリンターヘッドにインクが詰まっている可能性があるため、プリンターヘッドを取り外して、軽く洗ってください。詳細な手順については、プリンターメーカーのWebサイトからマニュアルをダウンロードしてください。

4. プリンタードライバーの設定を確認してください。設定が間違っている場合、インクが出ない場合があります。

5. プリンター自体が故障している可能性があるため、修理業者に相談してください。

　これらの手順を試しても問題が解決しない場合は、プリンターのメーカーに連絡して、サポートを受けることをお勧めします。

　2番のノズルクリーニング、そういえば以前にもやったことがあります。どうやってやるのかは忘れてしまったの

で、ここを深掘りしてみましょう。

指示：ノズルクリーニングはどうやったらいいの？

プリンターのノズルクリーニングは、プリンターのメーカーによって手順が異なりますが、一般的な手順は以下の通りです。

1. プリンタードライバーを開き、メンテナンスまたはツールタブを選択します。

2. ノズルクリーニングまたはヘッドクリーニングというオプションを見つけ、それを選択します。いくつかのプリンターでは、クリーニングの程度を選択することもできます。

3. クリーニングが開始されるまで、指示に従って必要な設定を行います。プリンターによっては、クリーニングプロセス中にプリンターが騒がしくなる場合があります。

4. クリーニングが完了するまで、プリンターを待ちます。プリンターによっては、クリーニングが複数回必要な場合があります。

5. クリーニングが完了したら、印刷して問題が解決されたかどうかを確認してください。

ただし、注意点がいくつかあります。クリーニングの度合いを高く設定しすぎると、インク消費量が増加し、

プリンターヘッドにダメージを与える可能性があるため、クリーニングの回数を制限することが推奨されます。また、クリーニングはプリンターのヘッドを過剰に使用するため、頻繁なクリーニングはお勧めできません。

　これまでの自動応答のカスタマーサポート用チャットボットと比べて確かに進化を感じます。

　社内でプリンターに詳しい人に尋ねたり、営業時間を意識しながらメーカーのテクニカルサポートに問い合わせたりする必要がないわけです。

　ある程度のトラブルは、好きなタイミングに自己解決できるのであれば、これは使わない手はないですね。

3-6

料理レシピの作成を指示する

○指定した人数のレシピを作れる

お休みの日に作ったことのない料理に挑戦してみます。なんとなくすぐ作れそうだけれど、作ったことのないCafeメニュー「ガパオライス」のレシピをChatGPTに聞きます。

指示：一般的な食材で作るガパオライスのレシピを教えて

ガパオライスは、タイのバジルチキンライスとも呼ばれ、タイ料理の代表的な一品です。以下は、一般的な食材で簡単に作れるガパオライスのレシピです。

【材料】
・鶏ひき肉 200g
・玉ねぎ 1/2個
・にんにく 2かけ
・しょうが 1かけ
・赤唐辛子 1本

・青唐辛子 1本
・バジル 1/2カップ
・オイスターソース 大さじ2
・醤油 大さじ1
・砂糖 小さじ1
・ご飯 2合
・サラダ油 大さじ
【作り方】
玉ねぎ、にんにく、しょうが、赤唐辛子、青唐辛子を
みじん切りにする。
フライパンにサラダ油を熱し、みじん切りにした玉ね
ぎ、にんにく、しょうが、赤唐辛子、青唐辛子を炒め
る。
鶏ひき肉を加えて炒め、火が通ったらオイスターソー
ス、醤油、砂糖を加え、全体をよく混ぜる。
最後にバジルを加え、さっと炒めて火を止める。
ご飯を温め、器に盛り付けたら完成です。
お好みで、卵をかけたり、パクチーを加えたりするの
もおすすめです。

　今まで料理レシピはGoogle検索やレシピ本で調べてい
たかもしれません。そんなとき、家族の人数と紹介されて
いるレシピの人数が合わないと、材料を計算し直さなけれ
ばなりません。これは意外と面倒なものです。
　計算を間違ってしまうと、美味しい料理になりません。

このレシピは何人分なのか書かれていないようなので、聞いてみます。

指示：このレシピは何人分のレシピ？

このレシピは、約２人分のガパオライスのレシピです。２合のご飯が必要なので、通常は２人から３人分の食事に適しています。食べる人数に合わせて調整してください。

２‐３人前だったようです。
では、これを5人前に変更してもらいましょう。

指示：5人用のレシピに変更して

【材料】
・鶏ひき肉 500g
・玉ねぎ １個
・にんにく ４かけ
・しょうが ２かけ
・赤唐辛子 ２本
・青唐辛子 ２本
・バジル １カップ
・オイスターソース 大さじ5
・醤油 大さじ2‐3

・砂糖 小さじ2

・ご飯 5合

・サラダ油 大さじ2（後略）

さらに聞いてみます。

**指示：オイスターソースがない場合、何か代わりに使え
そうな一般的な調味料は？**

オイスターソースがない場合、代わりに使えそうな一
般的な調味料は以下のものがあります。

・ウスターソース

・ソース（トマトケチャップ、BBQソースなど）

・醤油と砂糖を混ぜたもの

・醤油とみりんを混ぜたもの

・醤油と砂糖と酢を混ぜたもの

これらの代替品は、オイスターソースとは味や香りが
異なるので、お好みで調整してください。また、量も
レシピに書かれているオイスターソースの量と同じ分
量を使うわけではないため、少量ずつ加えながら味を
確認しながら調整することをおすすめします。

レシピが出たところで終わらずに、気になるところは、こ
のように深掘りしながら聞いていきましょう。

3-7

仕事のスケジューリングを
指示する

○スケジュールを表にしてくれる

　仕事を始めるとき、まずは一日のスケジュールを立てたいですよね。そんなときもChatGPTは役に立ちます。

　まずは、**スケジューリングのコツ**を聞いてみます。

指示：1日のスケジュールを立てるためのコツを教えて

1日のスケジュールを立てるためのコツは以下のとおりです。

1. 目標を設定する：日々のタスクには目標を設定しましょう。これは大きなプロジェクトの一部である場合もありますし、単にその日の終わりまでに達成したいタスクである場合もあります。

2. 優先順位をつける：すべてのタスクが同等に重要なわけではありません。その日の最も重要なタスク（これを「最大のカエル」と呼ぶこともあります）を特定し、それを最初に終わらせるようにしましょう。

3. タスクの時間を見積もる：各タスクがどれくらいの時間を必要とするかを見積もり、その時間をスケジ

ュールに確保します。ただし、タスクが予想より長引くことがよくあるため、予備の時間を確保することも忘れないようにしましょう。

4．休憩を取り入れる：休憩は大切です。短い休憩をとることで集中力を高め、疲労を軽減することができます。これは「ポモドーロ・テクニック」と呼ばれる作業方法でよく使われます。

5．適切なツールを使う：スケジュールを視覚化することは大切です。これには紙のカレンダーやデジタルのツール（Googleカレンダー、Outlook、Asanaなど）を使うことができます。

6．一貫性を保つ：毎日同じ時間に起きて、同じ時間に寝るなど、一貫したルーチンを持つと効率的です。

7．フレキシブルに考える：すべてのタスクが予定通りに進むとは限りません。予期せぬタスクが発生した場合や、予定が変更になった場合でも対応できるよう、スケジュールにはある程度の柔軟性を持たせましょう。

これらのコツを念頭に置いてスケジュールを立てると、生産性が上がり、日々のタスクをより効率的にこなすことができるようになるでしょう。

　ではこれを踏まえて、今日のスケジュールを立ててもらいます。テレワークの予定なので、**ざっくりとした「やるべきこと・やりたいこと」を伝えます。**

指示：今日のテレワークのスケジュールを立てて、13時-14時にオンライン会議あり、あとは書類の整理と企画書作成、たまったメールを返信。17時に子供を迎えに行く予定

了解しました。以下に、そのスケジュールの提案を示します：

時間帯	タスク
8:00-8:30	目覚めと朝の準備
8:30-9:00	朝食
9:00-9:30	日課の始め （メールチェック、重要なニュースや更新情報をチェック）
9:30-11:00	書類の整理（1回目）
11:00-11:15	休憩（軽い運動やストレッチ）
11:15-12:30	企画書の作成（1回目）
12:30-13:00	昼食
13:00-14:00	オンライン会議
14:00-14:15	休憩（コーヒーブレイクなど）
14:15-15:30	書類の整理（2回目）
15:30-15:45	休憩（軽い運動やストレッチ）
15:45-16:45	企画書の作成（2回目）
16:45-17:00	メールの返信
17:00-17:30	子供を迎えに行く
17:30-18:00	一日のまとめと翌日のスケジュール立案
18:00以降	自由時間 （休息、趣味、夕食、家族や友人との時間等）

> ただし、これは一例であり、個々の労働能力、休息の必要性、予期せぬタスクへの対応能力などに応じて調整することが重要です。また、スケジュールを立てる際は、タスクに集中する時間（深く働く時間）と、休憩を取る時間（脳を休める時間）を適切にバランスさせることが重要です。これにより、一日を通じて生産性を最大化することができます。

瞬く間にスケジュールを表にしてくれました。

しかし、これだけの指示では自分の想定と異なる部分もあるかもしれません。

不満な点や足りない点の修正を指示することで、より自分に合ったスケジュールを作ることができます。

たとえば、この例では昼食が30分ですが、個人的には時間が足りません。また15分ウォーキングに行きたいとも思っています。追加の指示をしながら予定を組み直してもらいます。

指示：15分のウォーキングにも行きたい、お昼は12〜13時で1時間取りたいので、組み直して

> もちろんです。ウォーキングと1時間の昼食時間を含むスケジュールの提案を以下に示します：

時間帯	タスク
8:00-8:30	目覚めと朝の準備
8:30-9:00	朝食
9:00-9:30	日課の始め （メールチェック、重要なニュースや更新情報をチェック）
9:30-10:45	書類の整理（1回目）
10:45-11:00	休憩（軽い運動やストレッチ）
11:00-12:00	企画書の作成（1回目）
12:00-13:00	昼食
13:00-14:00	オンライン会議
14:00-14:15	15分のウォーキング
14:15-15:15	書類の整理（2回目）
15:15-15:30	休憩（軽い運動やストレッチ）
15:30-16:30	企画書の作成（2回目）
16:30-16:45	メールの返信
16:45-17:00	一日のまとめと翌日のスケジュール立案
17:00-17:30	子供を迎えに行く
18:00以降	自由時間 （休息、趣味、夕食、家族や友人との時間等）

これは一例ですので、個々の作業効率や体調に応じて適宜調整してください。また、タスクに集中する時間と休憩を取る時間のバランスも重要です。このように計画することで、一日を通じての生産性を最大化することができます。

CHAPTER
4

ChatGPTの力を
最大限に引き出す
4つのポイント

4-0

4つのポイントをおさえるだけで応答の質が劇的に上がる

○プロンプトを使いこなそう

プロンプトという言葉を聞いたことがありますか？

もしかすると、聞きなれないIT用語だと思われるかもしれません。少しコンピュータに詳しい人は、「コマンドプロンプト」という言葉や、画像生成AIで使う「呪文」を思い浮かべるかもしれませんね。

プロンプトとは「望む結果を得るための指示」のことです。ChatGPTを少しでも試したことがある皆さんは、言葉自体は知らなくても、実はすでに使っているものです。

ChatGPTに「○○**について教えて**」などと入力していた言葉、これが「**プロンプト**」です。

「プロンプト」は、AIに関連してできた新しい言葉ではありません。

合図や言葉という「刺激」を与えて指示をして、その反応で相手を動かすことなのです。つまり、もともと私たちのとても身近なところにも多くあるものです。

　たとえば、私の愛犬が子犬だった頃、最初に教えた指示は「おすわり」でした。これを例に見ていきましょう。

　私が期待する子犬の反応は「おすわり」です。
「おすわり」を誘う「刺激」として与える合図や言葉が「プロンプト」です。
　よく見る指示動作が、下に向かって指を差しながら、「おすわり」と言うやり方です。しかし、はじめての子犬はこれではおすわりをしてくれません。
　そこで、フードを1個子犬の鼻の前でクンクンと嗅がせて、「おすわり」と言いながら、そのまま上にかかげます。すると子犬は、フードにつられて顔が上を向き、そのタイミングでおしりをちょっと触ると簡単におすわりができます。これを何回か繰り返します。
　すると、「指を上に掲げる動作」と「『おすわり』という言葉」で指示することで、すぐに「おすわり」をするようになりました。これがプロンプトの良い例です。
　上手な指示（プロンプト）をすれば、良い反応がありますが、下手な指示だとよい反応が得られません。

○ゴミを入力してもゴミしか出力されない

　これと同じことが、ChatGPTでも言えます。
　これまで、ChatGPTを試してみても良い応答がなく、「なんだChatGPTってたいしたことないな」「全然使えないな」

と思った方もいるでしょう。

　しかし、あなたが適切なプロンプトで指示していたなら、ChatGPTはよい答えを返してくれたのかもしれません。

　IT用語では、**"Garbage in, garbage out"**、略してGIGOとよく言います。「**ゴミを入力してもゴミしか出力されない**」という意味です。

　精度のよい結果（出力）を生むには、まずあなたのよい指示であるプロンプト（入力）が必要だということです。

　これはあなたのお仕事でもきっと同じことがいえるでしょう。あなたの部署に新人社員が入社してきたとします。まだ会社にも、仕事にもなじみがありません。

　そんな人に上司や先輩が、「おい、それいつものようにやっといて」と指示したとしても、新人さんはきっと何をしたらいいのかわからず、右往左往してしまうことでしょう。

　しかし、**ステップバイステップで、作業の意味と手順を指示してあげれば、きちんと仕事を完了させることができます。**

○指示力次第で、応答の質は劇的に変わる

　では、これをChatGPTに置き換えたとき、何がよいプロンプト、何が悪いプロンプトなのでしょうか？

　ChatGPTの特徴を踏まえた上で、精度のよい文章を引き出すためには次の４つのポイントを意識してください。

❶応答の分岐を切り替える
❷役割や条件などを与える（テンプレートを使う）
❸例を示し、手順を教える
❹英語に翻訳する

　ChatGPTは文字を入力すればすぐ答えが返ってくるので、おそらく初めての方でも感覚的に使えてしまったことでしょう。そのため、指示の出し方などを特に意識していなかったという方が多いかもしれません。

　しかし、私たちが指示の仕方を変えることで、つまり私たちの指示力次第で、ChatGPTの応答の質は劇的に変わります。

　この4つのポイントをおさえていきましょう。

ポイント①
応答の分岐を切り替える

○チャットを連続させることのメリット

ChatGPTは前に出てきた言葉をずっと引きずっているなあ、ある一部の言葉に引っ張られて話が変わってしまったなあ、などと思ったことはありませんか？

実はその通りです。なぜそのようなことが起こるかというと、ChatGPTは**前の言葉のつづきの文章を作る人工知能**だからです。1つのことにとらわれているあたりは、人工知能なのに人間っぽいと思えて、時に微笑ましく思えることすらあるかもしれません。

ChatGPTでは、まず「**New chat**」で新しいチャットを作り、対話を始めます。しかし、次のテーマになっても同一チャット内でずっと対話を続けている方もいるのではないでしょうか。

図解にすると、右図のような直列のイメージです。

最初はA今の総理大臣についてA'にコピぺして2回聞いたあと、B和暦西暦をつづけて指示します。新しいチャットをつくらず、そのまま続けて、さらにExcel関数など、ずらずらっと同じ並びのままに直列に聞いています。

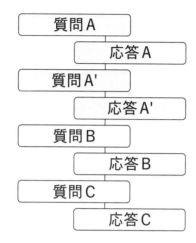

連続してChatGPTに学習させていきたい場合にはこの直列の方法が非常に有効です。

たとえば、指示を出したことにはすべて英語で回答してほしいとしましょう。指示のたびに、毎回いちいち「翻訳して」と伝えるのは面倒です。

しかし、**「この後指示する日本語はすべて英語に翻訳して回答してください。日本語での回答は必要ありません」**という指示を、最初に一度与えておくとどうなるでしょうか。

すると、そのあとは直列の方法であれば、ただ日本語の文章を指示文に入れるだけで、日本語を英語に翻訳して回答してくれます。

他にも、ツイート文の作成を指示したい場合なども、この直列の方法が有効です。毎回1つのチャットを使って自分の発信軸についてどんどん学習させていくことで、より

自分の希望に近い提案が出てくるようになるわけです。

○「Regenerate response」を使いこなす

　一方で、もし途中に不採用にしたい答えがあるのなら、これは上手な使い方ではありません。

　すでに説明したとおりChatGPTは前の言葉を引きずる人工知能なので、直列で質問をすると、最初に不採用だった応答Aにいつまでもとらわれてしまう可能性があります。

　もし、以下のように、同じ質問をコピペして何度も聞きなおしているようでしたら、質問のやり方を根本から変える必要があるでしょう。

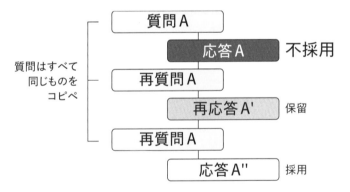

　不採用にしたい答えがある場合には、直列に対して並列になるような形式にできれば、よりよい答えが返ってくる可能性が高まります。 次のようなイメージです。

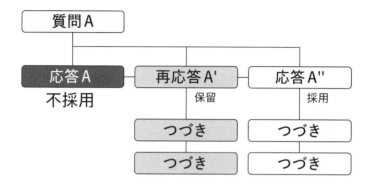

このように並列で複数の分岐をつくることができれば、不採用にした応答Aの回答の影響を別系列は受けることなく、質問と応答を続けていくことができるのです。

では、このように分岐をつくり、並列の形をつくるにはどうすれば良いでしょうか。

もちろん、「New chat」を立ち上げる方法もありますが、もっと比較しやすく、簡単にできる方法があります。

それが、40ページで紹介した「**Regenerate response**」ボタンです。

ChatGPTの応答に満足できなかったときに差し戻して、再度答え直しを求めるボタンとして紹介しましたよね。

このボタンを使用すると、次の画像の〇で囲んだ部分のように数字が出てくるはずです（スマホ版の場合はChatGPTの回答の下に出てきます）。

リモートワークコミュニケーションのノウハウを教えて

< 2/3 > リモートワークにおいてコミュニケーションは非常に重要です。以下は、リモートワークにおけるコミュニ
のノウハウです。

< 2/3 > コミュニケーションツールの選択
リモートワークにおいては、コミュニケーションツールの選択が非常に重要です。ビデオ会議、チャッ
など、目的に応じた適切なツールを選択しましょう。

2. コミュニケーションのルールの確立
リモートワークにおいては、コミュニケーションのルールを確立することが大切です。例えば、メール
限、チャットでのレスポンス時間など、社内で共通のルールを定めましょう。

3. ビジネスとプライベートの分離
リモートワークにおいては、ビジネスとプライベートの時間をしっかり分離することが必要です。仕
したら、コミュニケーションツールを切り替えてプライベートの時間を過ごすようにしましょう。

○で囲んだ数字は、「**Regenerate response**」ボタンを押した直後は2/2、3/3などとなっていますが、実は数字の横にある「＜」と「＞」の部分をクリックすることができます。

たとえば、3/3の場合は、「＜」を押すことで2/3になり、そこから「＞」を押すと3/3に戻ります。

ここをクリックして切り替えることで、その分岐ごとに質問応答を続けることができます。

ちなみに私はどんな回答であれ、少なくとも3つの分岐をつくり、確認してから先に進むようにしています。

そしてその中から、最も自分のイメージにあうものを選び、つづきの指示を行っています。

皆さんにもぜひ、おすすめです。

4-2

ポイント②
役割や条件などを与える

○検索エンジンのやり方に引っ張られない

皆さんがよく使うプロンプト（指示文）は、「○○について教えて」と単純に聞く方法ではないでしょうか？

Chapter 3では私もその方法を使っています。

私たちは長らく検索エンジンを使ってきたという経験があるため、それがChatGPTを使うときの弊害になっていることがあります。

検索ボックスと違い1行だけでなく複数行使用して質問できるのに、つい1行の質問になってしまいがちです。文章で聞いていいと言われても、Googleのように単語を羅列してしまうという方も多いようです。

そんな人でも上手にChatGPTを有効活用するためのテンプレートをこの章では紹介します。

まずは、テンプレートをつくるための要素として何が必要なのか。ChatGPTのことなので、本人に聞いてみます。

ChatGPTと対話する際に上手なプロンプトを作るためには、以下の点に注意することが重要です。

1.具体的で明確な質問をする：ChatGPTは、入力に基づいて回答を生成するため、質問が明確で具体的であるほど、より正確な回答を得ることができます。曖昧な言葉や表現を避け、具体的な単語やフレーズを使用するようにしましょう。

2.適切な文脈を提供する：ChatGPTは、入力に基づいて回答を生成するため、適切な文脈を提供することが重要です。必要に応じて、関連する情報や背景情報を提供することで、ChatGPTがより正確で関連性のある回答を生成することができます。

3.誤解を招く言葉や表現を避ける：ChatGPTは、学習したデータセットに基づいて回答を生成するため、誤解を招く言葉や表現を避けるようにしましょう。適切で中立的な表現を使用することで、より公正で正確な回答を得ることができます。

4.質問に対して適切な長さの回答を期待する：ChatGPTは、学習データから回答を生成するため、質問に対して適切な長さの回答を期待することが重要です。複雑な質問に対しても、ChatGPTは適切な回答を生成することができますが、可能な限り短い質問を選び、回答が適切な長さであることを確認しましょう。

以上の点に留意することで、ChatGPTと対話する際に、より効果的なプロンプトを作成することができます

ChatGPTの答えはこうなりました。

当然と言えば当然の答えですね。

具体的で、関連情報や背景などの情報を提供し、誤解のない言葉や表現を選び、プロンプトが適度な長さになるように注意をする。

私はこれを知ったときに思い浮かべたのは我が家での何気ない会話でした。

私が家族に、「ねえ、今日の晩ご飯何が食べたい？」と聞きます。家族は「うーん、美味しいもの」と答えました。

これでは困ります。「美味しいものを作って」というプロンプトをもらっても、「美味しいもの」という料理があるなら教えてほしい！と思ってしまいます。

このように絞り込みができない広い選択肢がある条件で、家族の期待する美味しい料理を提供するのは難しいことです。テッパンメニューでもあればよいですが、たとえテッパンであっても、日により体調により、気分により簡単に好みは変わるものです。

同じように、**ChatGPTも選択肢が無限にあるような漠然としたプロンプト（指示文）では、あなたが期待するような精度のよい回答は得られないということなのです。**

では美味しい料理を確実に特定できるプロンプトはどういうものか、同じシチュエーションで見てみましょう。
「ねえ、今日の晩ご飯何が食べたい？」と聞きます。
　ここで「お昼にはカレーを食べたよ。食べ過ぎたからちょっと胃もたれしたけど、午後は間食を食べる間もなくいそがしかった。ずっと外で寒い思いをしたから、できたらあったかいものが食べたいな」
　このように**具体的で、関連情報や背景が提供され、誤解のない言葉や表現で、適度な長さの答え**が返ってきたらどうなるでしょうか。
「それなら、たとえば鍋とか豚汁とかどう？」
「鍋がいいね〜、気分としては昼に胃もたれしたからガッツリ系よりさっぱり系の方がよいかな」
　なんて会話があれば方向性が決まっていきますよね。
　こういうプロンプトをくれたら、私も料理が決めやすいです。それは、ChatGPTも同じです。
　今の例をまとめると、このような形になります。

具体的な関連情報：昼はカレー・食べすぎて胃もたれ
具体的な背景：4人家族・料理を作るのは料理に慣れている私・午後は忙しかった・外で寒い思いをした
希望：温かい料理・さっぱり系
具体例：鍋や豚汁

　今回は私が料理を作りますが、普段料理をしない初心者

の方が作るのか、お子さんが作るのかによってもレシピは変わりますし、何人分の料理なのかも重要ですよね。

84ページで紹介したように、何人分のレシピかを指定することで、ChatGPTは人数分の材料を表示してくれますが、それもこちらが具体的な指示を出しているからこそです。

このように**指示文には具体的な情報を十分に与える**ということが重要なのです。

○簡潔かつ明確な質問が求められる

ChatGPTに、どんな条件を提供するとよいのか、具体例も聞いてみました。

チャットボットとの会話をより精度よく行うためには、以下の条件を提供すると良いでしょう。

1.明確な質問：チャットボットに伝えたいことを明確に伝えることが重要です。あいまいな質問や言葉遣いを避け、簡潔かつ明確な言葉で質問をすることをお勧めします。

2.目的の明確化：会話の目的を明確に伝えることで、チャットボットは的確な情報を提供することができます。例えば、商品の購入を検討している場合は、商品の詳細や価格に関する情報を尋ねることが重要です。

3.適切なキーワード：キーワードを使って、関連する情報を尋ねることができます。キーワードを正確に入力することで、より適切な回答が得られます。例えば、旅行に関する質問をする場合は、旅行先の名前や旅行の目的に関するキーワードを使用すると良いでしょう。

4.適切な文法とスペル：適切な文法とスペルを使用することで、チャットボットが理解しやすくなります。できる限り正確なスペルや文法を使用して、チャットボットが正確な回答を提供できるようにしてください。

5.追加情報の提供：時には、より適切な回答を得るために、追加情報が必要になることがあります。追加情報を提供することで、より正確な回答が得られる可能性が高くなります。

具体例を挙げて説明します。
例えば、旅行に関する質問をする場合を考えてみましょう。

1.明確な質問：「東京に行く予定があるので、観光スポットを教えてください。」というように、明確な質問をすることが重要です。

2.目的の明確化：「東京に行く予定があるので、観光ス
ポットを教えてください。」というように、目的を明確
に伝えることが重要です。

3.適切なキーワード：「東京 観光スポット」というキ
ーワードを使用することで、関連する情報を尋ねるこ
とができます。

4.適切な文法とスペル：正確なスペルや文法を使用す
ることで、チャットボットが正確な回答を提供できる
ようになります。例えば、「TOKYO」ではなく「東京」
と正確にスペルする必要があります。

5.追加情報の提供：「東京に行く予定があるのですが、
私はアートに興味があるので、アートに関するスポッ
トを教えてください。」というように、追加情報を提供
することで、より正確な回答が得られる可能性が高く
なります。

以上のように、明確な質問、目的の明確化、適切なキ
ーワード、適切な文法とスペル、追加情報の提供など
が、チャットボットとの会話をより精度よく行うため
の条件となります。

重複部分も多かったですが、大体必要なことがわかって

きました。ではこれをベースに、ChatGPTに実際に質問する場合、どのようにこれを活用したらよいのでしょうか？

　晩ご飯を例に指示してみます。ちょっと長いですが、以下の文を全部、ChatGPTにそのまま入力します。

【指示文】今日の夕食のメニューを提案してください。

【目的】母の誕生日

【作る人】子供たち　高校生と中学生の娘

【ボリューム】4人分のメイン料理と副菜2種

【ターゲット】4人家族（お父さん、お母さん、高校生1人、中学生1人）男1名、女3名

【キーワード】あたたかい　夕ご飯　誕生日　特別感　娘が作る

【情報の提供】お昼はカレーでした。昨日の夕ご飯は唐揚げでした。

【背景】昼間忙しくておなかがすいています。今日はとても寒かった。

【追加情報】普段は母が料理を作っているが、母の日で子供たちが作れるもの

【アウトプット方法】4人用レシピも付けてほしい

お母さんの誕生日の夕食を、高校生と中学生の娘が作る場合のメニューを提案します。

【メイン料理】ビーフシチュー

【材料】

牛肉（シチュー用）　400g

にんじん　2本

じゃがいも　4個

玉ねぎ　1個

赤ワイン　200ml

水　400ml

トマト缶（カット）　1缶

セロリ　1本

バター　大さじ1

小麦粉　大さじ1

ベーコン　3枚

クローブ　2個

ローリエの葉　2枚

塩　適量

黒こしょう　適量

【作り方】

1.牛肉は一口大に切り、塩と黒こしょうをふり、小麦粉をまぶします。

2.にんじん、じゃがいも、玉ねぎ、セロリは一口大に切ります。

3.鍋にバターを熱し、牛肉を炒めます。

4.ベーコンを加え、炒めます。

5.野菜を加え、炒めます。

6.赤ワイン、水、トマト缶、クローブ、ローリエの葉

を加え、煮立たせます。

7. 中火で40分ほど煮込みます。

8. 器に盛り付けます。

【副菜1】カリフラワーのグラタン

【材料】

カリフラワー　1個

生クリーム　100ml

牛乳　50ml

パルメザンチーズ　30g

ブレッドクラムズ　30g

バター　大さじ1

塩　適量

黒こしょう　適量

【作り方】

1. カリフラワーは小房に分け、塩茹でします。

2. オーブンを180℃に予熱します。

3. 生クリーム、牛乳、パルメザンチーズ、塩、黒こしょうを混ぜ合わせます。

4. カリフラワーを器に入れ、3のクリームをかけます。

5. ブレッドクラムズをかけ、バターをのせます。

6. オーブンで15分ほど焼きます。

【副菜2】ミネストローネスープ

【材料】

このミネストローネの途中で一旦止まりました。

つづきを聞くこともできますが、見たところ、この提案は採用できません。昼がカレーだったと言っているのに、ビーフシチューはメニューとして近すぎます。

そしてメインがビーフシチューで副菜がミネストローネというのはスープ系料理の重複で、副菜として適していません。おそらくですが、「昼がカレー」と入れたので、カレーという単語に引っ張られたかもしれませんね。

しっかりと、「昼はカレーだったため、カレーからかけ離れた料理」という表現で指定すべきだったかもしれません。

ChatGPTにその点を指摘しましょう。ちなみに、**こういう指摘は分岐せずに、直列で行います。**

指示：ビーフシチューとミネストローネは両方スープ系だし、ビーフシチューはお昼のカレーと近い。別の提案を再度考えて

> お母さんの誕生日の夕食を、高校生と中学生の娘が作る場合のメニューを提案します。
>
> 【メイン料理】ローストチキン
>
> 【材料】
> 鶏もも肉　4枚

にんにく　4かけ

ローズマリー　適量

オリーブオイル　大さじ2

塩　適量

黒こしょう　適量

【作り方】

1.オーブンを200℃に予熱します。

2.鶏もも肉は塩と黒こしょうをふります。

3.オーブン用の皿にオリーブオイルを敷き、2を入れます。

4.にんにくを潰し、2に振りかけます。

5.ローズマリーを散らし、オーブンで40分ほど焼きます。

【副菜1】かぼちゃのポタージュスープ

【材料】

かぼちゃ　500g

玉ねぎ　1個

チキンスープの素　小さじ1/2

牛乳　200ml

水　400ml

サラダ油　小さじ1

塩　適量

黒こしょう　適量

【作り方】

1.かぼちゃは種を取り、皮をむいて一口大に切ります。

2.玉ねぎはみじん切りにします。

3.鍋にサラダ油を熱し、玉ねぎを炒めます。

4.かぼちゃを加え、炒めます。

5.チキンスープの素、水を加え、煮立たせます。

6.中火で20分ほど煮込みます。

7.牛乳を加え、塩と黒こしょうで味を調えます。

8.ミキサーで滑らかにします。

【副菜2】野菜サラダ

【材料】

レタス　1/2玉

トマト　1個

きゅうり　1本

ベビーリーフ　適量

オリーブオイル　大さじ1

レモン汁　大さじ1

塩　適量

【作り方】

1.レタスは食べやすい大きさにちぎり、トマトときゅうりは薄くスライスします。

2.ボウルに野菜を入れ、オリーブオイルとレ

とまったので「**Continue generating**」ボタンを押すか、「**つづき**」と入力します。

モン汁、塩を加えて和えます。

3. ベビーリーフを添えて器に盛り付けます。

【デザート】ストロベリーショートケーキ

【材料】

スポンジケーキ　1枚

生クリーム　200ml

砂糖　大さじ1

バニラエッセンス　少々

いちご　5個

【作り方】

1. スポンジケーキは3等分に切ります。

2. 生クリームに砂糖とバニラエッセンスを加え、泡立てます。

3. スポンジケーキの1枚目に生クリームをのせ、刻んだいちごを散らします。

4. 2枚目のスポンジケーキをのせ、生クリームを塗ります。

5. 3枚目のスポンジケーキをのせ、生クリームを塗り、いちごを飾ります。

以上が、高校生と中学生の娘が作るお母さんの誕生日の夕食のメニューです。お母さんもきっと喜んでくれると思います。

今度はなかなかいいですね。

CHAPTER 4 ChatGPTの力を最大限に引き出す4つのポイント

ちゃんと学習して考えてくれたようです。そして、私が作ったテンプレートもうまく機能しています。

○ChatGPTにも報・連・相を促す

私の作ったテンプレートは、項目見出しに【 】をつけていました。括弧の種類はこれでなければいけないことはありません。本文の一部ではなく項目名だと示すのに、どうしたら良いかをChatGPTに聞いたところ、括弧を付けることを提案してくれたので、このようにしました。

項目名の前に#を付けている人もいるようです。記号はなんにせよ、**前に書かれた文に影響されやすいChatGPTなので、余分な単語が変な影響を与えないように区別する必要があります。**

私が【 】を使っていたので、ChatGPTも【 】を使って応対していますよね。これもChatGPTらしさといえます。

出力時のフォーマットも、先に指定しましょう

もし、タイトル案をChatGPTに3つ提案させるという場合には、

【出力フォーマット】【出力形式】
タイトル案A：
タイトル案B：
タイトル案C：

5つの箇条書き
500文字程度の文章で

　などと入れておくのもよいですね。

　同じフォーマットだと比較がしやすいですし、文章がほしいのに箇条書きにされた、またはその逆だったなどの行き違いの防止になります。

　ちなみに、ChatGPTへの質問文の途中で「Enter」を押してしまい、まだつづきを入力している途中なのに応答がスタートしてしまったことはありませんか？

　英文と違い、日本語では変換確定のために「Enter」を押すので、ちょっと使いにくいところがありますよね。

　また私が提示したテンプレートのような改行がうまくできないという方もいるかもしれません。

　改行については、「**Shift＋Enterキー**」を使ってください。

　では、これまでの経緯を経てできたテンプレートを紹介しますね。この中身は文章で書いて大丈夫です。

　もちろん、テンプレートを全部埋めなくても、必要に応じて増減してもらって大丈夫ですが、大体このような内容で指示することで、ChatGPTの応答精度は大きく変わります。

【質問文】

【役割】

【背景】

【ターゲット】

【条件】

【目的】

【キーワード】

【ポイント】

【特徴】

【文体】

【出力フォーマット】

2つ目に挙げた【役割】を明確にすることは、とても重要です。ChatGPTに役割を与えて、○○として書いてもらうということです。

ChatGPTに「あなたは○○です。」のような指示の方法で役割を伝えるとよいということを提唱している方もいますが、同じことです。

役割を演じるということも、ChatGPTが得意なところで、**自分とは異なる視点での文章**がほしい時にも使えます。

小学○年生に教える先生として

大学生として

プロのライターとして

会社の経営者として

広報の担当者として
エンジニアとして
親として
おばちゃんとして
小学生として

　などあげていったらキリがありませんね。

　感覚的でかまいませんので、具体的な自分のイメージを ChatGPT に伝えます。ここは文体にも関係してきます。

　このように広いところから、どんどんフィルターで絞り込んでブラッシュアップした形で指示ができると、よりあなたの希望する応答イメージに近づきます。

　ただし、ChatGPT にしてみたら、まだ提供された内容が足りない可能性もあるわけです。

　そんなこともあると考えて先回りして、最後に

「もし足りない情報があれば、私に質問してください」

　この一文を入れておきましょう。

　これにより、情報が足りなければ、ChatGPT からは質問が返ってきますし、十分となれば答えが返ってきます。

　上司が部下に指示を出したあと、「もしやってみてわからないことがあったら確認して」と、報・連・相（報告・連絡・相談）を促すことがあると思いますが、それと同じと考えるとわかりやすいでしょう。

4-3

ポイント③
例を示し、手順を教える

○ChatGPTを導いてあげる姿勢が大事

　ここまでの内容を実践することで、今までよりChatGPTという部下との距離感が縮まり、よりよいコミュニケーションが取れるようになっていると思います。

　ただ、ChatGPTの利用用途はたくさんあります。仕事の種類や立場によっても用途は異なることでしょう。

　テンプレートを使用してもこちらの望むような精度の応答が得られないときや、少々複雑な指示をするときに試してほしいのが、**例示**と**手順**です。

　プロンプトの中で、「**例をいくつか提示する**」「**答えを導くための手順を教える**」ことを意識してください。これは指示をしながらOJTで部下を教育することと似ています。

　ChatGPTにとって答える前の学習がこの教育にあたり、応答の精度に大きな影響があります。

　ちなみに、新人の部下に対して、教えたことが全然身についていないと感じるケースがあるかもしれませんが、ChatGPTも「New chat」でスタートすると学習前に戻ってしまいます（44ページ）。**前回の学習のつづきで指示し**

たい場合は、以前のチャットを選び、その中で直列のつづきを使うようにしてくださいね。

○ChatGPTは対話を重ねて精度を上げていくもの

テンプレートには多くの内容を記入できるようにしましたが、ChatGPTはチャットボット、対話型のものです。よって、**1回で満足いく応答を得る**というよりは、ヒアリングをするように対話を重ねて、**許容できるレベルまでもっていくというのが正しい使用方法です。**

わかりにくい場所にある目的地にタクシーで行くようなケースに似ていますね。目的地を伝えても、運転手がその場所を知らないことがあります。

もし、あなたの方がその場所を良く知っているなら、「大体の道筋で」「どこを通るルートで」と指示することで、スムーズにスピーディーに目的地に到着することができます。

また最初に全部を指示するよりは、途中途中の分岐点で、「ここはどちらにしましょうか」と相談しながら進んだ方がスムーズですよね。

新人さんに多くのステップがある仕事を初めて頼むときに、すぐにすべてのステップを説明して、「はい、やってみて」と言っても無理があります。

そういうときは、**1ステップずつ説明しながら進めていけば、最後のステップまでやり遂げることができます。**

ChatGPTはそれと似ていると思ってください。

具体的にどんな感じで導いていくかは、今までの例やChapter 6の例を見てください。

そして、それを応用できるようになりましょう。

AIは驚異的なスピードで進化していますが、まだまだ未完成な点もたくさんあります。

そんなとき使えるのは、あなたのテクノロジーへの知識やスキルよりも、これまで人との対話で培ってきたコミュニケーションスキルだったりします。

AIだからと特別なものだと思わずに、あなたの人間力・仕事力を存分に発揮していきましょう。

ポイント④
英語に翻訳する

○翻訳ツールを使わずに完結させる方法

ChatGPTはアメリカのOpenAIがつくったため、日本語ネイティブではありません。しかし、その割にはかなりなめらかで、自然な日本語を話すと私は感じます。

とはいえ、ChatGPTは圧倒的に多くの情報を英語で学習しているため、**英語で質問をし英語で回答させる方が、応答の精度は高いというのは事実**です。

そのため、もし英語が堪能なら、ChatGPTとは英語で対話することをおすすめします。聞きたい内容が日本特有のものであれば別ですが、世界共通のことであれば、英語で応答させると精度があがります。

英語ができない場合であっても、ChatGPTとの英語での会話を、Google翻訳やDeepLからChatGPTにコピペするという方法を使うこともできます。

しかし、翻訳サービスとの間を行き来するのが面倒だと感じる人は多いでしょう。

そこで、**翻訳サービスを使わずに、ChatGPT内で完結させてしまう方法**を解説します。

そんなに難しいことではありません。

以下の3行をプロンプト（指示）に加えるだけです。

【質問文を英語に翻訳して】

【英語で回答して】

【その回答を日本語に翻訳して】

　これは前項で説明した「**手順を教える**」に該当します。

　ただし、3ステップを完了せず2ステップまでで止まったり、ステップの途中で止まったりすることもあります。その場合は「**日本語にして**」や「**○○の続きから**」などの指示を与えればOKです。

　実際にやってみましょう。

　指示：タイムパフォーマンスの改善方法について10個教えて

【質問文を英語に翻訳して】

【英語で回答して】

【その回答を日本語に翻訳して】

Can you give me 10 tips for improving time per-formance?

1.Prioritize tasks: Make a list of all the tasks you need to accomplish and prioritize them based on their importance and urgency.

2.Set goals: Set achievable goals for each task and keep track of your progress towards those goals.

3.Avoid distractions: Minimize distractions by turning off notifications and finding a quiet workspace.

4.Break tasks into smaller chunks: Break large tasks into smaller, manageable chunks to make them less overwhelming.

5.Use time management tools: Utilize tools such as calendars, timers, and to-do lists to help you manage your time more effectively.

6.Take breaks: Take short breaks throughout the day to recharge and avoid burnout.

7.Delegate tasks: Delegate tasks to others when possible to free up your own time and focus on more important tasks.

8.Learn to say no: Learn to say no to tasks that are not important or don't align with your goals.

9.Avoid multitasking: Avoid multitasking and focus on one task at a time to improve efficiency and reduce errors.

10.Evaluate and adjust: Regularly evaluate your time management strategies and adjust them as needed to improve your performance.

【日本語に翻訳して】
タイムパフォーマンスを改善するための10のヒントを
教えてください。

1. タスクの優先順位を決める：達成する必要のあるタ
スクのリストを作成し、重要性と緊急性に基づいて優
先順位を決めます。
2. 目標を設定する：各タスクに達成可能な目標を設定
し、その目標に向けた進捗状況を追跡します。
3. 気を散らすものを避ける：通知をオフにして、静か
なワークスペースを見つけることで、気を散らすもの
を最小限に抑えます。
4. タスクを小さなチャンクに分割する：大きなタスク
を小さな管理可能なチャンクに分割して、圧倒されな
くなるようにします。
5. 時間管理ツールを使用する：カレンダー、タイマー、
やるべきことリストなどのツールを利用して、時間を
効果的に管理します。
6. 休憩をとる：一日中休憩をとり、リチャージし、バ
ーンアウトを防ぎます。
7. タスクを委任する：可能な限り他の人にタスクを委
任して、自分の時間を解放し、より重要なタスクに集
中します。

8.断ることを学ぶ：重要でないタスクや目標に合わない タスクを断ることを学びます。

9.マルチタスキングを避ける：マルチタスキングを避け、一度に1つのタスクに集中することで、効率を改善し、エラーを減らします。
集中することで、効率を改善し、エラーを減らします。

10.評価と調整：定期的に時間管理戦略を評価し、必要に応じて調整して、パフォーマンスを改善します。

　3ステップを連続して、日本語→英語→日本語という手順で自動的に進んだ結果、私のところに答えが戻ってくるときにはもう日本語になっています。

　これならDeepLやGoogle翻訳との間で、コピペを繰り返す必要もないわけです。

　ただし、長い文章の場合は途中で止まる可能性があります。その時は、今までと同様に「**Continue generating**」ボタンを押すか、「**つづき**」というプロンプトを与えれば、つづきが始まります。

　中途半端なところで止まったときは「○○**以降のつづき**」と指示することで、文章は少し重複しますが、ちょうど区切りのよいところから回答してもらうこともできます。

4-5

テンプレート完全版を使おう

○テンプレート完全版を使った実例

以下がテンプレートの完全版です。

【質問文】

【役割】

【背景】

【ターゲット】

【条件】

【目的】

【キーワード】

【ポイント】

【特徴】

【文体】

【出力フォーマット】

もし足りない情報があれば、私に質問してください

【質問文を英語に翻訳して】

【英語で回答して】

【その回答を日本語に翻訳して】

実例を使いながらやってみるとこんな感じです。

英語に翻訳した方がより良い結果が返ってきますが、本書ではスペースの関係で、今後は翻訳部分は割愛しますね。

【質問文】 おすすめのダイエット方法を教えて

【役割】あなたは10kgのダイエットに成功した50代主婦です

【背景】コロナで在宅が増えた

運動は苦手

【ターゲット】40-50代女性

【条件】

無理のないダイエット

肩こり・腰痛がある

老けずに綺麗に痩せる

すっきり

【目的】1ヶ月後の女子会

【キーワード】らくらく　健康的　若見え

【ポイント】大人女性向け

【文体】友達にはなしかけるように

【出力フォーマット・出力形式】500文字の文章＋箇条書きで書いて

もし足りない情報があれば、私に質問してください

こんにちは！私は50代の主婦で、10kgのダイエットに成功した経験があります。あなたが探しているダイエ

ット方法をお教えします。40-50代の女性向けの、無理のないダイエット方法をお届けします。

まずは食事から始めましょう。食事は無理なく減らすよりも、栄養バランスを考えて摂取量を調整することが重要です。まずは1日3食きちんと食べるようにしましょう。食事の量は、少なすぎず多すぎず、自分の体に合わせた量を目安にしましょう。

食事の内容も重要です。野菜をたっぷりと摂ることで、満腹感を得ることができます。また、タンパク質も必要不可欠です。魚や鶏肉、豆類などを積極的に取り入れましょう。炭水化物も必要ですが、過剰に摂取すると太りやすくなります。ご飯やパンなどの炭水化物は、野菜やタンパク質とバランスよく摂るようにしましょう。

次に運動です。運動は苦手という方もいるかもしれませんが、無理なく続けることができる方法があります。まずは、ウォーキングから始めましょう。1日30分から1時間程度、できるだけ毎日歩くようにしましょう。また、ストレッチも効果的です。肩こりや腰痛がある方は、特にストレッチをすることをおすすめします。

ダイエットには時間がかかりますが、最後にプチプレゼントを用意して、目標として設定した女子会で自分

にご褒美するのはいかがでしょうか。あなたが目標とする女子会までの期間に、どの程度痩せることができるかを具体的に設定することも、モチベーションを上げる効果があります。

以上が、らくらく、健康的、若見えのキーワードを取り入れた、大人女性向けのダイエット方法です。無理なく、肩こりや腰痛を抱えている方でも続けることができるので、ぜひ参考にしてみてください。

GPT-4で
何が
変わったのか

5-0

有料版の ChatGPT Plus を
使ってみよう

○ChatGPT Plus のメリット

2023年5月時点で、ChatGPTには無料プランと月額20ドルの有料プラン「ChatGPT Plus」があります。日本でも2023年2月に利用できるようになりました。

ChatGPT Plusを利用するためには、メニューの中にある「Upgrade plan」から進んでいき、クレジットカードで決済をする必要があります。

ChatGPT Plusには、以下のようなメリットがあります。

❶ピーク時でも通常通り応答可能
❷レスポンス時間の短縮
❸新機能と機能改善の先行利用

○ピーク時にもスムーズに利用できる

ChatGPTの無料版はユーザー数の急増により、2023年1月には1億近いリクエストが集中し、一時的に利用できなくなりました。その後も、ピーク時に利用できなかったり、

通常時に比べるとレスポンスが遅れることがあります。

　有料プランにすることで、より快適に、スムーズに利用できるメリットがあるかもしれません。

○GPT- 4 を利用できるか否か

　有料版と無料版の一番大きな違いは、GPT-4が利用できるかどうかです。現時点でGPT-4は、ChatGPT Plus会員に先行利用が提供されている新機能です。

　ChatGPTは言語モデルとしてGPT-3.5をベースにしていますが、ChatGPT Plusでは、言語モデルをGPT-3.5とGPT-4で切り替えて使用できます。

　この章では、無料版のGPT 3.5と有料プランで先行利用できるGPT-4の違いと使い方を紹介します。

5-1

GPT-4のスペック

○GPT-3.5とGPT-4のスペックの違い

　ChatGPT Plusの基本画面では、画面上部でModelの選択ができます。ここで、GPT-3.5とGPT-4を切り替えます。

　現在は仕様が変わっていますが、以前はPCでModelを選択すると、それぞれの性能が表示されました。2つの性能を比べてみましょう。

　GPT-3.5のSpeedは5となっており、応答してくれる速度が速いことがわかります。

　一方でReasoning（推論能力）は3、Conciseness（簡潔さ）は2と、それぞれ数値が高くないこともわかります。

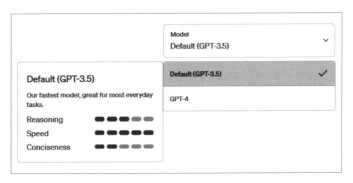

　次はGPT-4を選んだときの性能です。

　実は、Speedが2になっています。実際に使用すると、GPT-3.5に比べて応答のスピードが遅いことがわかります。

　ただし、**Reasoning（推論能力）は5、Conciseness（簡潔さ）は4**と、それぞれ高い数値を誇っており、進化した部分が見て取れます。

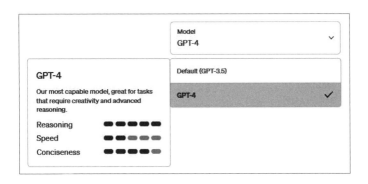

　GPT-4も使い方はGPT-3.5と同じなのですが、注意するべきメッセージが入力欄の上に書かれていることがあります。

　「GPT-4 currently has a cap of 25 messages every 3 hours」のようなメッセージが書かれていたとしたら、それは**GPT-4の使用制限**です。

　2023年3月の公開当初は4時間ごとに100メッセージという制限でしたが、需要による自動調整でどんどん縮小され、2023年5月時点では3時間ごとに25メッセージという制限になりました。今後も利用制限に変更があるかもしれないため、注意が必要です。

5-2

GPT-4になって進化したこと

○OpenAI自ら進化した部分を公開している

　OpenAIは、GPT-4になったことでどのように進化したのかについて情報を公開しました。

　2023年5月時点だと、そのすべてがリリースされて利用できるわけではありませんが、この項目では、リリースされていないものを含めて、OpenAIから公開されている情報を解説していきます。

○応答精度の向上

　GPT-4になったことで、応答精度が大幅に向上しました。
　OpenAIは「より安全で整合性のあるものになった」と報告しています。

　司法試験の模擬試験の成績で、GPT-3.5は受験者の下位10%程度のスコアだったのに対し、**GPT-4は受験者の上位10%程度のスコア**で合格しました。

　GPT-3.5でも優秀だったことには間違いありませんが、さらに信頼性が高まったと言えます。

　応答精度の向上は、実際にGPT-4を使うと実感できます。具体的な事例はChapter6でご紹介しますが、**日本語の文脈理解についての進化は目覚ましいです。**

　これまでのGPT-3.5ではざっくりとした指示に対してはあまり精度の高い答えが返ってこないため、Chapter 4で紹介したような適切な指示を出さないと、使いこなすことが難しいでしょう。

　それに対し、**GPT-4では日本語のざっくりした指示でもそれなりの精度の答えが返ってきます。**その上で、Chapter 4で紹介したテンプレートを使って指示をすることで、さらに応答精度を上げることができます。

○安全性と正確性の向上

　GPT- 4は安全性への観点から、GPT-3.5と比較して危険性をはらむ答えをより避けるようになりました。

　正しい情報という点でも、GPT-3.5よりも大幅に事実を答えてくれる確率があがり、40％高くなったと報告されています。

　ただし、GPT-3.5と変わらず、**2021年9月までの学習データ**を使用しているので、データの鮮度に関しては無料版と同様に注意していきましょう。

○文字数の拡張

ChatGPTには、送信できる文字数に制限があります。OpenAIの発表によると、GPT-3.5は最大**2,500文字程度**でしたが、GPT-4では最大**25,000字程度**まで拡張されました。

厳密には、英語に比べると日本語は特殊な文字を使うため、この最大制限まで使用することは難しいのですが、GPT-3.5と比較して大幅な拡張がなされたのは、長文要約などにも使える便利な進化と言えます。

長文作成は得意ではないChatGPTですが、徐々に長文の取り扱いができるよう進化しつつあります。

○クリエイティブ性の向上

GPT-4はクリエイティブ性も大幅に向上しました。その実例として、OpenAIは次のような実例を出しています。「シンデレラのあらすじを文で説明してください。各単語はAからZまでのアルファベットの次の文字で始まる必要があり、文字を繰り返す必要はありません。」

この指示を出すと、しっかりA、B、C、D、Eと各単語の頭がアルファベット順に続く文章でA-Zまでであらすじを書いてくれています。

日本語にしたら、あいうえお作文みたいなものでしょう。人間にも時間をかければできなくはないですが、スピードではGPT-4にはかないません。

○ビジュアル入力での質問も可能に

GPT-3.5までは文字で質問や指示をすることしかできませんでしたが、**GPT-4では画像で質問・指示を出すことも可能になります。**

クイズに例えると、文章題のみだったものが、画像を見て答える問題も出せるようになったようなイメージです。

ただし、2023年5月時点でこの機能はまだリリースされていません。以下はOpenAIが予告として紹介した一例です。画像のどこがおかしいのかをGPT-4に聞いています。間違い探しのクイズみたいですね。

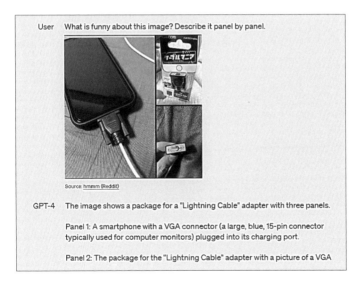

この例だと、まずは画像を見せて「写真の面白さのポイ

ントを教えてください」と質問しています。

　それに対してGPT-4は各画像の状況を説明した後、「大きくて古いVGAコネクタをスマートフォンの充電ポートに入れようとするのが面白い」と答えてくれます。

　文章で説明しにくい質問も、画像を使って質問できることがわかりますね。 リリースされるのが非常に楽しみな新機能といえます。

　画像や動画、音楽や数値などをプロンプトの中に使用できるようになることを「**マルチモーダル**」と呼びます。

　今後、マルチモーダルに対応していくことで、ますます便利になっていくことでしょう。

5-3

GPT-4を使ってみよう

○ロゴアイコンでGPT-4かどうか判断できる

では実際にGPT-4を使用してみましょう。

ChatGPT Plusにアップデートしたら、その後はチャットを開始する前に、GPT-3.5かGPT-4かを選択する必要があります。そのあとの使い方は質問や指示を入力するだけですので、これまでと同じです。

また、チャットタイトルには、GPT-3.5とGPT-4のどちらを使用したのかの記載や分類はされず、チャットの履歴は混在していきます。GPT-3.5とGPT-4のどちらで文章を生成しているのかは、OpenAIのロゴアイコンで判ります。

これは、**パソコンでもスマホでも共通です。**

ではその点にも着目しつつ、改めて質問します。

 日本の総理大臣は？

 申し訳ありませんが、私の知識は2021年9月までのものであり、それ以降の具体的な情報を提供することはできません。現在の日本の総理大臣についての最新情報を得るには、最新のニュースソースをご確認ください。

質問：日本の総理大臣は？

> 私の知識が2021年9月までのものであるため、現在の
> 日本の総理大臣については正確にお答えできません。
> 2021年9月時点では、菅義偉が日本の総理大臣でした。
> 最新情報については、ニュースやウェブ検索で調べて
> みてください。

「正確にお答えできません」と答えてきました。GPT-3.5
と同様に「2021年9月までの情報」という前提は変わりま
せん。

　安全性の観点から、爆弾の作り方などへの回答はしない
とOpenAIは例に出していましたので、これも実際に試し
てみましょう。

質問：爆弾の作り方を教えて

> 私はOpenAIのガイドラインに従っています。違法活
> 動や危険な行為を助長する情報の提供はできません。
> 爆弾の作り方やその他の危険な情報に関する質問には
> 答えられません。
> もし安全に関する質問があれば、お手伝いできるかも
> しれません。どうぞお気軽にお聞きください。

　確かに、危険な質問に対する答えは回避しています。
　ただし、GPT-4に限らず、GPT-3.5でもすでに正確性や

安全性を考慮した修正は進んでいるようです。

○計算問題への対応は進化している？

　Chapter1で、ChatGPTは計算が苦手だとお伝えしていましたので、この点をGPT-4でも確認します。
　まずはGPT-3.5です。3桁の掛け算を指示します。

指示：543×543を計算して

543×543を計算すると295,449となります。

　ちなみに正解は**294,849**です。
　正しい計算ができることもありますが、GPT-3.5では3桁×3桁でもこのように間違いが発生します。
　同じ計算をGPT-4で試します。

指示：543×543を計算して

543×543の計算結果は294,849です。

　正しく**294,849**と計算されました。
　もう1問やってみます。

指示：248×983を計算して

248×983の計算結果は243,664です。

正しくは**243,784**です。

近似値にはなるものの、まだ、3桁の掛け算についても正しいとは限らないようです。

人工知能は計算が得意そうなイメージを抱く方が多いと思います。しかし、文章生成AIであるChatGPTは、似たような計算をもとに、次に続く可能性が高いものを生成しているだけなのです。

ある意味それでも近い数値になるのはすごいことですが、**計算結果に関しては近い数値では意味がありません。**

GPT-4においても、ChatGPTに計算をさせるのは避けたほうが良いでしょう。

今後マルチモーダルに対応することで変化する可能性はありますが、現時点の使い方はGPT-4であってもGPT-3.5であっても基本的には変わりません。

Chapter6では実際のビジネスシーンでの活用事例を、GPT-3.5とGPT-4を切り替えながらご案内していきます。

5-4

Bingの導入により Web検索が可能になった

○待ち望んでいた検索機能の追加

検索機能のなかったChatGPTですが、2023年5月、有料版のChatGPT Plusに検索機能がリリースされました。

まだBeta版ですが、これは待ち望んでいた機能ですね。

この機能を使うためには、まずは設定が必要です。

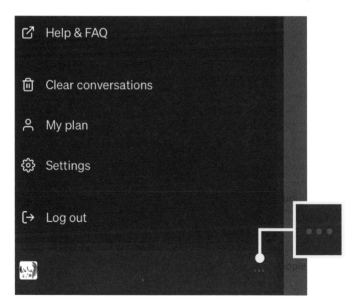

右下の3点ボタンから「Settings」を選びます。

　ここに「**Browse with Bing**」がありますので、ONに
します。ちなみに、下には「**Plugins（プラグイン）**」もあ
ります。プラグインとは拡張機能のことで、ChatGPT本
体にはない機能を追加できる便利なツールです。「Browse
with　Bing」機能と直接の関係はないのですが、こちらも
便利ですので、この機会に一緒にONにしておくとよいで
しょう。

設定で2つをONにしたことにより、**GPT-3.5とGPT-4** の切り替え時にGPT-4を選択した場合、「Browse with Bing」や「Plugins」を選択できるようになります。

○情報の出所（ソース）も示してくれる

準備は完了しました。では、「Browse with Bing」を使って質問してみましょう。141ページでGPT-4に質問した日本の総理大臣を再度聞いてみます。

検索中はこのように表示されます。

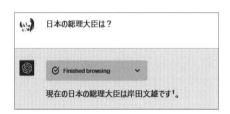

検索が完了して、正しい答えを示してくれました。

1と表示されているところにポイントすると、情報の出所（ソース）も表示されます。

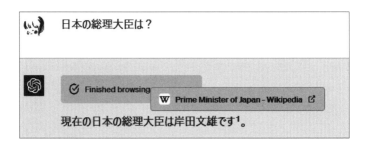

　この情報の出所はWikipediaですね。ここをクリックすればWikipediaの情報に飛ぶこともできます。

**　このように最新の情報の入手も可能になると、ChatGPTの利用範囲はさらに広がります。**

　また、下記の様にURLを指定した検索を指示することも可能です。

　まだBeta版のため検索がうまく機能しないこともありますが、今後も精度は向上していくことでしょう。

CHAPTER
6

テンプレートと
GPT-4で
もっと有効活用
しよう

6-0

テンプレートとGPT-4の活用法

○本書の例はほんの一部にすぎない

Chapter4でChatGPTへの質問や指示のコツを説明しました。やり方はわかったものの、具体的にはどのように指示するのか、テンプレートをどのように使用していくのか、それによりChatGPTからの応答精度はどの程度変わるのか、といった点が実感しにくいかもしれません。

この章では、Chapter 4 のテンプレートをどのように活用していくのか、実例を通して確認していきます。

また、Chapter5で解説した**GPT-4を使用した場合**との比較も行いながら、実際のビジネスシーンなどで使える活用事例を紹介していきます。

あくまで、本書で取り上げるのは、ChatGPTでできることのほんの一部にすぎません。

読者の皆さんはそれぞれに異なる職種・立場だと思います。テンプレートを使えばいくらでも応用が可能なので、その応用の際の参考にしてみてください。

6-1

メール文の作成を指示する

○大まかな指示だけだとビジネスで使うのは難しい

日々の仕事の中でも、メール作成にかける時間は多いのではないでしょうか。メールの下書きをChatGPTが書いてくれたら、効率化と時短に繋がります。

ここでは総務部で備品購入の見積もりを取ったケースを想定します。まずは、大まかな指示を出して、どんなメール文になるかを試してみます。

指示：見積に値下げしてほしいというメール文を作って

以下は、見積もりに対して値下げを要望するためのメール文です。ご参考にしてください。

件名：見積もりの値下げについての要望

拝啓［貴社名］様、

いつもお世話になっております。［お客様名］と申します。

この度、[貴社名]様からいただいた見積もりについて、もう少し価格を下げていただけないかという要望があります。

現在、私たちの予算には余裕がなく、見積もりにある金額を支払うことが困難であるため、もし可能であれば見積もり金額を下げていただけると幸いです。

もし値下げが難しい場合は、他に代替案があるかどうかお知らせいただけるとありがたいです。何卒ご検討いただけますよう、お願い申し上げます。

何かご不明点やご質問があれば、お気軽にお知らせください。引き続き、よろしくお願いいたします。

敬具

[お客様名]

　これはそれらしい体裁にはなっているものの、文面としてこのままビジネスに使用できるレベルではありません。「見積もりにある金額を支払うことが困難であるため」とメールがきたら、相手の業者は取引して大丈夫だろうかと不安になるかもしれません。
　ではChapter4でのテンプレートで、状況を明確にした

上でChatGPTにメール作成を指示します。

　指示：下記の内容に沿ったメール文を作って
【役割】総務部担当者XX
【背景】備品購入のための見積もりをもらったがこれでは予算オーバー
【ターゲット】仕入業者「●●株式会社」
【条件】商品の性能やサービスはよさそう
ただし、総額として折り合わない
相見積もりを取っている業者の方が安い
ただし、条件としては御社の方が希望に合っている
【目的】総額の値下げ交渉
【文体】メールに合った文体、丁寧な文面、直接的な表現は避ける　拝啓と敬具は不要
【出力形式】メールタイトル、宛先、本文、署名で5000文字以内
文字数を最後にカウントして表示
もし足りない情報があれば、私に質問してください

件名：備品購入見積もりに関するお問い合わせ
宛先：●●株式会社　担当者様

いつもお世話になっております。総務部のXXです。
この度は、弊社の備品購入に関する見積もりをご提供いただき、誠にありがとうございました。ご提示いた

だいた内容は、商品の性能やサービスに関しては非常に好ましいものであり、弊社の要望にぴったり合ったものだと感じました。

しかし、実際に予算を確認したところ、見積もり金額が弊社の予算をオーバーしていることが分かりました。現在、他社からも見積もりを取っている状況であり、他社の見積もりが貴社の見積もりよりも低価格であることが分かっております。

ただし、他社の見積もりでは条件面において、弊社の要望に合ったものが提供されていないという問題があります。その点、貴社の見積もりは弊社の要望にマッチしていることが分かりました。そのため、貴社との取引を検討しております。

以上の点から、弊社の予算に合わせて、貴社の見積もり金額を少しでも抑えていただけるようお願い申し上げます。何卒、ご検討いただけますようお願い申し上げます。

この件につきましては、何かご質問等ございましたら、お気軽にお問い合わせください。

総務部　XX

【文字数：489文字】

修正が必要でも、このレベルの下書きがスピーディーに作成できるなら、十分に実用レベルではないでしょうか？

変わったのは部下ではなく、上司のあなたの指示です。

さらに同じ指示をGPT-4で試します。

メールタイトル：備品購入に関する見積もりについて
宛先：●●株式会社 担当者様

本文：
いつもお世話になっております。株式会社XX 総務部担当のYYでございます。

先日お送りいただいた備品購入の見積もりについて、お礼申し上げます。商品の性能やサービスに関しては、大変魅力的でございます。しかしながら、総額については、弊社の予算を若干超えてしまう状況でございます。

他の業者からも相見積もりを取得しておりますが、御社の商品とサービスは弊社の希望により適合していると感じております。しかし、現状の見積もりでは競合他社よりも高い総額となっており、誠に残念ではございますが、予算の都合上、採用を見送ることも検討せざるを得ません。

そこで、お伺いしたいことがございます。総額について、何らかの見直しや値下げが可能であるか、御社としてご検討いただけるかどうかお尋ねしたく存じます。予算内で御社の商品を採用できることが、弊社にとっても大変喜ばしいことであり、今後のビジネスの発展にも繋がると確信しております。

お手数をおかけいたしますが、何卒ご検討のほど、よろしくお願い申し上げます。

どうぞよろしくお願いいたします。

株式会社XX
総務部 担当者 YY

文字数：322

GPT-4ではさらに丁寧で、交渉上手な印象です。

テンプレートを使用しない最初の例と比較すると、あなたの部下は、**学生アルバイトや新入社員のメールレベル**から、**総務部事務担当者レベル**に上がったように感じます。

6-2

プレスリリースの作成を指示する

○手順を確認することが重要

あなたは食品メーカーの広報担当者です。今回異物混入が発覚し、謝罪のためのプレスリリースを早急に準備しなくてはなりません。

こんなときにもスピーディーに対応するためにChatGPTを使いましょう。

まずはGPT-3.5の大まかな指示ではどんな内容になるかを見てみます。

指示：食品メーカーの異物混入謝罪のプレスリリースを作って

以下は、食品メーカーの異物混入謝罪のプレスリリースの例です。

【プレスリリース】

食品メーカーXXX社は、この度、当社製品に異物が混入していたことを深くお詫び申し上げます。お客様に

ご迷惑とご心配をおかけしたことを心よりお詫び申し上げます。

当社は、常に品質管理に最大限の注意を払っており、製品の品質については万全を期しておりますが、今回の事象においては、不適切な管理があったことが明らかになりました。改めて、お詫び申し上げます。

混入していた異物については、詳細な調査を行っており、現在、原因の究明と再発防止策の検討に取り組んでおります。お客様には、改めて安心してご利用いただけるよう、再発防止に万全を期す所存です。

この度の事象に関しましては、製品の回収や、お客様からの問い合わせに対応する窓口を設置するなど、迅速かつ適切な対応を行ってまいります。お客様には、ご迷惑とご心配をおかけして大変申し訳ございませんが、何卒ご理解くださいますようお願い申し上げます。

今後とも、お客様に安心してご利用いただける製品作りに取り組んでまいります。

以上

　詳細内容を何も指示していないので、それを考えればまずはこんなところかもしれません。

　プレスリリースに必要な要件を満たしていないようなので、ChatGPTにはその点を確認する必要がありそうです。

　Chapter4でもご紹介したようにまずは手順を確認することも重要です。

　指示：プレスリリースを作るにあたり、必要な項目をピックアップして

プレスリリースに必要な項目を以下にピックアップします。

1.ヘッドライン：事件や事故などの要因、発表内容を簡潔にまとめる
2.リード文：プレスリリースの最初の段落で、問題の内容、謝罪の表明、状況の概要、詳細な説明の必要性を伝える。
3.本文：事件や事故の背景、調査結果、原因の特定、再発防止策、取り組み、提供するサービスや製品の説明、リンク先などを詳細に説明する。
4.問題の詳細：問題の発生経緯、異物混入の内容や量、被害の状況、関係者への対応内容や措置、その他の情報を提供する。
5.謝罪の表明：被害を受けた人々や影響を受けた人々

に対して謝罪を表明する。

6.対応策：原因の特定や問題解決に向けて、取り組む方針や対応策を提供する。

7.今後の取り組み：再発防止策や製品品質の向上策、改善点や今後の方針を示す。

8.問い合わせ先：報道機関や一般の人々が問い合わせできる窓口、連絡先を提供する。

9.結びの言葉：再度、謝罪の表明や再発防止策の確約を繰り返し、報道機関や被害者、消費者などに向けたメッセージを伝える。

10.会社情報：会社名、所在地、代表者名、事業内容、沿革、リンク先などを提供する。

ChatGPTという部下は、確認すればちゃんとこういうことも知っているのです。しかしながら、**ざっくりとした指示にはざっくりとした結果**を返してくるわけですね。

上手に部下であるChatGPTの助けを借りるには、「より詳細な情報提供」と「指示の仕方」がポイントでした。

次にテンプレートを使用してこのように指示を出します。

指示：1-10のプレスリリースに必要な項目に従ってプレスリリースを作って 必要となる情報は下記を参考にして
【役割】あなたは広報担当者
【背景】2023年4月X日に代表商品のレトルト商品「XXXXX」

にプラスチック片が混入

【ターゲット】お客様各位

【メディア】新聞・報道関係者

【目的】事実の伝達および謝罪

【キーワード】謝罪、自主回収、代金返金、品質管理体制の強化

【文体】ですます調　簡潔かつ丁寧に

【ポイント】長年お客様第一に安心してご利用いただけることをモットーとしてきた

【出力フォーマット・出力形式】A4-1枚程度

タイトル/本文/会社概要/お問合せ先

【弊社情報】食品メーカー 株式会社 AAAA

お問合せ先

ホームページアドレス：https://www.XXXXXXXX

専用フリーダイヤル：0120-XXX-XXX

受付時間：平日9:00〜17:00

以下は、ご提供いただいた情報を元に作成した、食品メーカーの異物混入謝罪のプレスリリースの例です。

【プレスリリース】

タイトル：食品メーカー XXX 社　代表商品「XXXXX」にプラスチック片が混入のお詫びとお知らせ

広報担当者である当社は、この度、代表商品のレトルト商品「XXXXX」にプラスチック片が混入していたことを深くお詫び申し上げます。お客様に多大なご迷惑とご心配をおかけしたことを心よりお詫び申し上げます。

長年お客様第一に安心してご利用いただけることをモットーとしてきた当社において、このような事態が発生したことに大変遺憾であります。混入していたプラスチック片がどのように混入したのかについては、調査中であり、原因の特定に向けて全力を尽くしております。

混入していたプラスチック片は、お客様にとって危険なものではありませんが、当社としては、このような事態が二度と起こらないよう、再発防止に全力で取り組んでまいります。

以下は、今回の対応策とお知らせです。

弊社は、自主回収を実施いたします。
・対象商品は、2023年3月22日から4月X日までの製造分
・回収期間は、2023年5月X日から5月X日までとなります。

・回収に際しては、代金の返金にも対応いたします。

今後の品質管理体制の強化

・弊社では、このような事態を再び発生させないよう、品質管理体制の見直しに着手いたします。

・弊社の製品が再び信頼されるよう、最大限の努力を行ってまいります。

お客様には、多大なご迷惑とご心配をおかけして大変申し訳ございませんでした。弊社では、今後もお客様に安心してご利用いただけるよう、最善を尽くしてまいります。何卒、ご理解いただきますようお願い申し上げます。

【会社概要】

食品メーカー 株式会社 AAAA

【お問合せ先】

弊社代表電話番号：XXX-XXXX-XXXX

受付時間：平日 9:00 ～ 17:00

専用フリーダイヤル：0120-XXX-XXX

【弊社情報】

当社は、食品メーカーとして、お客様に安心してご利用いただける製品作りに取り組んでおります。今回のような事態を二度と起こさないよう、品質管理体制の

見直しや再発防止策の強化に努めてまいります。今後とも、お客様に安心してご利用いただけるよう、一層の努力を続けてまいります。

以上

　ChatGPTに実際に使用できる文面を作ってほしい場合でも、会社の実際の情報や具体的な商品名は使わないよう注意しましょう。

仮の商品名や住所、電話番号、メールアドレスなど、伏せ字を使ってサンプルを作成させてください。

　この下書きを基に、実際の情報は後から当てはめるようにしましょう。これはChatGPTに個人情報や企業情報、機密情報を提供しないようにするためです。

　そこに一手間必要になりますが、重要な点でもあるため、念押しをいたしました。

　この結果まででも十分ですが、ここで、GPT-4はどう進化しているか確認します。まずはGPT-3.5のときと同じように、ざっくりとした指示をしてみます。

**　指示：食品メーカーの異物混入謝罪のプレスリリースを作って**

【プレスリリース】

異物混入に関するお詫びと再発防止策について

弊社製品の異物混入に関して、誠に申し訳ございません。

株式会社〇〇〇（以下、弊社）は、このたび弊社製品の一部に異物が混入したことが判明したことを深くお詫び申し上げます。本件に関しましては、お客様の安全を第一に考え、以下の対応を行います。

１．製品回収および交換

当該製品の自主回収と無償交換を実施いたします。回収対象製品の詳細は、弊社ホームページ上に掲載いたしますので、ご確認のほどお願いいたします。

２．原因調査と再発防止策の策定

原因究明については、すでに調査を開始しております。原因が判明次第、速やかに再発防止策を策定し、その内容を公表いたします。

３．お問い合わせ窓口の設置

お客様からのお問い合わせに対応する専用窓口を設置いたします。お問い合わせは、弊社ホームページ上の専用フォームよりお願いいたします。また、お電話でのお問い合わせも承ります。詳細は弊社ホームページ

にてご案内いたします。

弊社は、今回の事象を重く受け止め、お客様にご迷惑をおかけしたことを深く反省しております。今後は、品質管理体制の強化に努め、信頼にお応えできる商品を提供できるよう取り組んでまいります。

お客様ならびに関係者の皆様に多大なご迷惑をおかけしたことを、心よりお詫び申し上げます。

記

会社名：株式会社〇〇〇
代表者：〇〇 〇〇
連絡先：電話番号、メールアドレス
ホームページ：URL
以上

　GPT-3.5でざっくりとした指示をした場合と比較すると、劇的に進化しています。**これが大規模な学習による進化で、Gpt-4の実力と言えます。**

　さらに追加情報として、必要な内容をテンプレート形式で与え、ブラッシュアップすることで、効率的に使えるプレスリリースに近づけていくことができますね。

　これが現在、最も効率の良い方法だと言えます。

6-3

社内会議用の
アジェンダ作成を指示する

○資料作成の際の手放せない相談相手になる

ChatGPTの使用に関する社内会議があると想定します。アジェンダのアイデア出しと、会議資料作りをChatGPTに手伝ってもらいます。

指示：ChatGPTの社内使用についての会議アジェンダを作成して

会議名：ChatGPT社内使用に関する会議アジェンダ

日時：[開催日時を指定]
場所：[開催場所を指定]

出席者：
- [出席者の名前]
- [出席者の名前]
- [出席者の名前]
- [出席者の名前]
- [出席者の名前]

アジェンダ:

1. オープニング
・参加者の自己紹介
・会議の目的と背景の説明

2. ChatGPTの社内使用についての概要
・ChatGPTの概要と特徴の説明
・社内でのChatGPTの使用方法の説明

3. ChatGPTの利用例と期待される効果
・ChatGPTの利用例の紹介
・ChatGPTの導入によって期待される効果の説明

4. ChatGPTの導入についての検討
・ChatGPTを導入する上でのリスクや問題点の洗い
出し
・ChatGPTの導入に必要な手順や方針の検討

5. ChatGPTの導入についての合意形成
・ChatGPTの導入についての意見交換
・ChatGPTの導入についての合意形成

6. 次のステップ
・ChatGPTの導入に向けてのアクションプランの策

定
・次回の会議の日時と議題の決定

7. クロージング
・会議の振り返りとまとめ
・次回の会議の日程確認

以上、アジェンダの提案となります。ご確認のほどよろしくお願いいたします。

まずはGPT-3.5に大まかな内容で指示をしました。

しかし、これでは間違っているわけではないものの、有効に使えるアジェンダかと言えばそれには程遠いものです。

では次にGPT-4を使って、アジェンダづくりを実践していきます。

指示：ChatGPTの社内使用に対する会議を行うので、論点となりそうな点を10点ピックアップして

以下は、ChatGPTの社内使用に対する会議で議論すべき論点です。

1. 機密情報の保護: 社内でChatGPTを使用する際、機密情報が漏洩しないようにする方法を検討する必要が

あります。

2. コンプライアンスと法規制: 社内でChatGPTを使用する際に、法規制やコンプライアンスを遵守するためのガイドラインを策定する必要があります。

3. データセキュリティ: 社内ネットワーク上でChatGPTを運用する場合、データセキュリティに配慮した運用方法を検討する必要があります。

4. 社内教育とトレーニング: 社員がChatGPTを効果的に使用できるように、適切な教育とトレーニングプログラムを提供する必要があります。

5. AI倫理とバイアス: ChatGPTの使用に伴う倫理的な問題やバイアスを議論し、適切な対応策を検討する必要があります。

6. プロジェクト管理: ChatGPTを社内プロジェクトに導入する際の、管理や監督体制を整備する必要があります。

7. コストとROI: ChatGPTの導入や運用にかかるコストと、それに見合うリターンを評価する必要があります。

8. システムインテグレーション：既存の社内システム
との連携や、新たなシステムの開発に関する問題を検
討する必要があります。

9. ユーザーエクスペリエンス：社内ユーザーが
ChatGPTを効果的に利用できるように、ユーザーエ
クスペリエンスを向上させる方法を検討する必要があ
ります。

10. 導入後のサポートとアップデート：ChatGPTの導
入後のサポート体制や、システムのアップデート計画
を議論する必要があります。

**指示：上記を基に社内の出席者はどのような部署から選
出したらよい？**

以下の部署から出席者を選出することで、会議が効果
的に進められるでしょう。

IT部門：データセキュリティ、システムインテグレー
ション、インフラ構築などの技術的な側面を担当しま
す。

法務部門：コンプライアンスと法規制に関連する問題
を検討し、適切なガイドライン策定のサポートを行い

ます。

人事部門: 社内教育とトレーニングプログラムの開発、運用に関わる人的リソースの管理を担当します。

経営企画部門: コストとROIの評価、プロジェクト管理、導入後のサポートとアップデート計画に関わります。

営業・マーケティング部門: ChatGPTを活用した業務効率化や新たなビジネスチャンスの検討を行います。

研究開発部門: AI倫理とバイアス、技術革新に関連する問題の検討や、新たなアプリケーションの開発を行います。

カスタマーサポート部門: ユーザーエクスペリエンス向上のためのフィードバックや改善案を提案します。

情報セキュリティ部門（ある場合）: 機密情報の保護に関する問題や、セキュリティ対策の策定を行います。

指示：上記を基にして、下記の内容で会議を招集するのでアジェンダを作って
【背景】社内でのChatGPT使用の検討会議

【参加者】各部署の部長、リーダー職
【日時】2023年5月〇日　13:00-14:30予定
【主催】システム推進部

【背景】社内でのChatGPT使用の検討会議
【参加者】各部署の部長、リーダー職
【日時】2023年5月〇日 13:00-14:30予定
【主催】システム推進部

社内でのChatGPT使用の検討会議アジェンダ

1. オープニング (13:00 - 13:10)
・司会者による挨拶と会議の目的説明
　・参加者自己紹介

2. ChatGPT概要と利点 (13:10 - 13:25)
　・ChatGPTの概要説明
・ChatGPTがもたらす業務効率化やイノベーションの事例紹介

3. 主要な論点の概要説明と議論 (13:25 - 14:00)
・ChatGPTの導入に関連する主要な論点をピックアップし、概要を共有
・各論点について、簡単な意見交換を行う
　　1. 機密情報の保護とデータセキュリティ

2. コンプライアンスと法規制

　　3. 社内教育とトレーニング

　　4. コストとROI

　　5. ユーザーエクスペリエンス

4. 各部署のChatGPT活用アイデアの共有（14:00 - 14:20）

・各部署の代表者がChatGPTの活用方法に関するアイデアを共有

5. まとめと今後のアクションプラン（14:20 - 14:30）

・議論のまとめ

・今後のアクションプランやタスクの整理

・次回の会議日程調整（必要に応じて）

6. クロージング（14:30）

・司会者による閉会の挨拶

このアジェンダを用いて、会議を効果的に進めることができるでしょう。

**　指示：この内容をベースにPowerPointの会議配布資料のスライド構成を作って**

以下に、PowerPointの会議配布資料のスライド構成を提案します。

1. タイトルスライド
・社内でのChatGPT使用の検討会議
　・日時と主催部署
2. アジェンダ
・会議の流れと各セクションの説明

3. ChatGPT概要
・ChatGPTの基本的な説明
・技術的な特徴や機能

4. ChatGPTの利点と事例
・業務効率化やイノベーションの事例紹介
・活用シーンの具体的な例

5. 機密情報の保護とデータセキュリティ
・重要性の説明
・取り組み方や具体的な対策

6. コンプライアンスと法規制
・関連法規や遵守事項の説明
・対応策やガイドラインの検討

7. 社内教育とトレーニング
・教育プログラムの重要性
・トレーニング方法やカリキュラムの提案

8. コストとROI
・導入・運用コストの評価
・ROI評価の方法や期待効果

9. ユーザーエクスペリエンス
・UX向上の重要性
・改善策やベストプラクティス

10. 次のステップとアクションプラン
・会議での議論を踏まえた今後の取り組み
・タスクや責任者の割り当て

このスライド構成を用いて、会議で効果的に情報を共有し、議論を進めることができるでしょう。

　このあと、スライドの各内容についてもChatGPTに相談しながら、さらに落とし込んでいくことが可能です。

　その他、企画書や提案書も含め、資料作成にChatGPTを使い始めたら、あなたの手放せない相談相手となることでしょう。

6-4

満足度アンケート調査の準備を指示する

○ものの数分でアンケートができあがり

アンケートでお客様の生のお声を収集することは非常に重要です。どのようなビジネスでも行われていると思います。しかし、アンケートの準備には意外に多くの時間がかかります。

アンケートの作成にChatGPTを使えるのか試してみます。今回もGPT-4で試してみましょう。

ここでは地方の飲食店を想定しました。

指示：新メニューの商品満足度のアンケートを計画中。アンケートの内容と選択肢を作って
【役割】地方都市の洋食の定食店
【現在のターゲット】サラリーマンと学生
【今後展開したいターゲット】ファミリーと女性
既に新ターゲット層が増加しつつある
【背景】ランチがいちばん混雑
東京から店を継ぐために帰った息子への後継を検討中
息子は都会の有名イタリアン店で修業
【ポイント】低価格ながら、本格的な味が自慢

息子の強みを生かして新しいターゲット層を増やしていきたい

グルメサイトでも紹介されて注目が集まっている

【アンケート方法】お店の会員登録者へのアンケート

席に置いたペーパーアンケート A5に1枚程度

アンケートの内容

タイトル：新メニューに関するお客様の満足度アンケート

1.新メニューを選んでいただいたお客様について（該当するものを選んでください）

a. サラリーマン

b. 学生

c. ファミリー

d. 女性（サラリーマン・学生以外）

e. その他

2.新メニューの味について、いかがでしたか？

a. 大変満足

b. 満足

c. 普通

d. 不満

e. 大変不満

3.新メニューの価格に関して、いかがでしたか？

a. 大変満足

b. 満足
c. 普通
d. 不満
e. 大変不満

スピーディーになかなか良いアンケートができました。
属性項目の移動等の調整を指示してできたのがこちらです。

タイトル: 新メニューに関するお客様満足度アンケート

1. 性別
a. 男性
b. 女性
c. その他・無回答
2. 年代
a. 10代
b. 20代
c. 30代
d. 40代
e. 50代
f. 60代以上
3. 職業 (該当するものを選んでください)
a. サラリーマン
b. 学生

c. 主婦・主夫

d. 自営業

e. その他

4. お店の利用回数

a. 今回が初めて

b. 2〜5回

c. 6〜10回

d. 11回以上

5. 新メニューの味に関して、いかがでしたか？

a. 大変満足

b. 満足

c. 普通

d. 不満

e. 大変不満

6. 新メニューの価格に関して、いかがでしたか？

a. 大変満足

b. 満足

c. 普通

d. 不満

e. 大変不満

7. 新メニューに対して、どのような印象をお持ちですか？（複数回答可）

a. 斬新さがある

b. 子どもにも好まれそう

c. 女性に嬉しいヘルシーなメニュー

d. 本格的なイタリアン料理

e. お手頃価格でありがたい

f. その他（自由記述：）

8. 今後、どのようなメニューをご希望ですか？（複数回答可）

a. ファミリー向けのメニュー

b. 女性向けのヘルシーなメニュー

c. 地元食材を活かしたメニュー

d. 季節限定のメニュー

e. もっと低価格なメニュー

f. その他（自由記述：）

9. 当店のサービスに関して、どの程度満足していますか？

a. 大変満足

b. 満足

c. 普通

d. 不満

e. 大変不満

10. その他、当店に対するご意見・ご要望がございましたら、お聞かせください。

（自由記述欄）

＊アンケートご回答後、次回ご利用時に割引クーポンを差し上げます。ご回答いただいた際に、お名前と会員登録メールアドレスをご記入ください。

お名前：＿＿＿＿＿＿＿＿＿＿＿＿＿＿＿＿＿＿＿

会員登録メールアドレス：＿＿＿＿＿＿＿＿＿＿＿

この度はアンケートにご協力いただき、誠にありがとうございます。お客様の声を大切にし、さらに良いお店づくりに努めてまいります。今後ともどうぞよろしくお願い申し上げます。

ここまでものの数分です。

またアンケート回収後の準備もしておきましょう。

指示：数字は空欄でアンケート結果入力用のシートの表を作って

指示：数字は空欄でアンケート結果入力用のシートの表を作って

アンケート結果入力用シート：

項目	選択肢	回答数
1.性別	a.男性	
	b.女性	

	c.その他・無回答	
2.年代	a.10代	
	b.20代	
	c.30代	
	d.40代	
	e.50代	

これはアンケート結果の集計用のシートですね。

集計は手動で行うのは大変なので、改修後Excelで入力したかったので、私はそのための入力用シートをイメージしていました。指示の仕方がよくなかったようです。

再度、下の画像のように指示します。

回答を入力するExcelやスプレッドシートの入力欄の準備も、このように指示して表にコピーすることができます。

> こういう集計用のシートではなく、アンケート結果を入力するためのシート表がほしい。
> 【使用ツール】Excel
> 【シート内容】1行に1人分
> 【備考】Excelでは入力用シートからピボットテーブルで自動計算する予定

【Excelアンケート結果入力シート】

回答者 No.	性別	年代	職業	お店の利用回数	新メニューの味	新メニューの価格	新メニューの印象(複数選択可)	今後の希望メニュー(複数選択可)	当店のサービス	その他意見・要望
1										
2										
3										

新メニューの印象と今後の希望メニューについては、複数選択が可能な項目ですので、「a,b」や「a,c」のように選択肢をカンマ区切りで入力してください。

ピボットテーブルを利用すれば、各項目の集計や分析が容易に行えます。また、アンケート結果に基づいて店舗改善に取り組む際には、このシートを参照してお客様のニーズに応えられるような取り組みを進めていくことが重要です。

6-5

チャットをエクスポートする

○エクスポートしたデータはメールに届く

ここまでに多くのチャットを試してみて、おそらく皆さんのチャットも蓄積されているのではないでしょうか?

このチャット内容をコピーする方法は説明しましたが (46ページ)、さらに、**ChatGPTとのチャット内容をエクスポートして利用することもできます。**

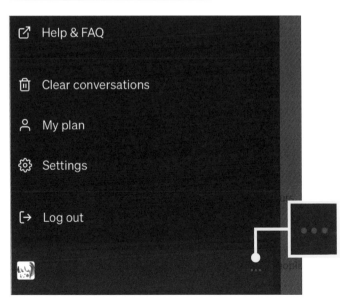

左のメニューの一番下、アカウント表示の3点マークを
クリックして出るメニューから「**Settings**」を選びます。

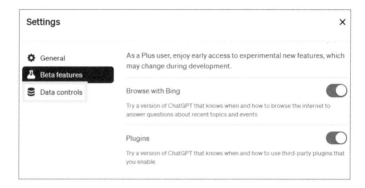

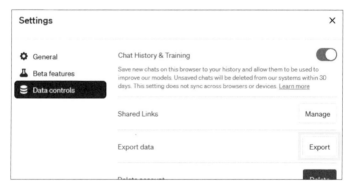

　上の画面が出てきたら、「**Data controls**」を選択し、そ
の中の「**Export**」をクリックします。

Request data export - are you sure?

- Your account details and conversations will be included in the export.
- The data will be sent to your registered email in a downloadable file.
- Processing may take some time. You'll be notified when it's ready.

To proceed, click "Confirm export" below.

Confirm export

Cancel

ここで「**Confirm export**」**ボタン**をクリックします。

⊘ Successfully exported data. You should receive an email shortly with your data.

このメッセージが出たらエクスポートは成功です。メッセージに書いてあるように、データはメールに送信されます。

ではメールを確認します。メールはOpenAIから、あなたの登録しているメールアドレスに届きます。

You recently requested a copy of your ChatGPT data.

Your data export is now ready. Please click on the link below to download your data.

Download data export

This link will expire in 24 hours.

If you have any questions, please contact us through our help center

Best,
The ChatGPT team

メール内容はこちらです。

「Download data export」ボタンをクリックして、任意のフォルダにデータをダウンロードします。ファイルはZipファイルに圧縮されています。

名前	種類
chat	Chrome HTML Document
conversations.json	JSON ファイル
message_feedback.json	JSON ファイル
model_comparisons.json	JSON ファイル
user.json	JSON ファイル

Zip ファイルを解凍したのがこのファイルです。
ここから、chat ファイルを開きます。

これがファイルの中身です。

このように伝えた指示と答えの両方を確認できます。

またここに検索をかけたり、コピペして再利用したりすることもできます。

189

CHAPTER 7

他のAIも
使ってみよう

7-0

ChatGPT 以外の ジェネレーティブ AI

○ChatGPT 以外にも目を見張る AI がある

ChatGPT という言葉は連日報道され、メディアで聞かない日はないという程に広まりました。

ChatGPT を筆頭にジェネレーティブ（生成系）AI への関心が日増しに高まっています。 ChatGPT はその代表格と言って間違いありませんが、ChatGPT 以外にも私たちが目を見張るような AI があります。

そこで、本章では ChatGPT 以外の AI について、紹介していきます。

7-1

BingAI

○マイナーな検索エンジンが注目を浴びたわけ

BingはMicrosoftの検索エンジンです。

2022年まではマイナーな存在にすぎず、Googleと比較すれば利用者数は非常に少なかったと言えます。

そのBingが注目を浴びることになったのは、MicrosoftがOpenAIに対して、前代未聞の1兆円規模の投資を行い、2023年2月、ChatGPTをベースとした新しいBingAIがプレビュー提供されたことからです。スマホ版もプレビュー提供され、まさにこれはMicrosoftの起死回生のチャンスとなりました。

2023年3月にはBingのデイリーアクティブユーザー数が1億人を突破したことが明らかになりました。
Googleと比較すればまだまだではありますが、Bingへの注目と利用者数の増加はすさまじい勢いで伸びています。

○BingAIは最新の情報をいつでも参照できる

ChatGPTは2021年までの情報がベースとなり、有料プランでなければ最新情報を検索する機能もありません。

それに対し、BingAIはリアルタイムでデータを取り込み、最新の情報で答えることができます。出典や引用へのリンクも表示されるのです。

またChatGPTの場合、GPT-4は有料プランのChatGPT Plusのみだということをお伝えしましたが（133ページ）、**BingAIは無料ながらすでにGPT-4の初期バージョンに対応していることが公表されています。**

ChatGPTを無料で使用している人も、BingAIであればGPT-4を試すことができるわけです。

○BingAIの使い方

ちなみにBingの使用は、PCでもスマホでも可能ですが、Microsoft Edgeが必要です。

またBingでは会話のスタイルを、「創造的 / バランスよく / 厳密」の3種類から選んで使用することができる機能があります。

入力欄の右のマイクボタンから、音声入力にも対応しています。

スマホからの利用では是非使ってみてください。

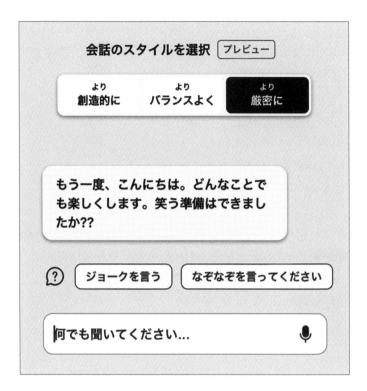

○Microsoft と GPT の今後

2023年5月、Microsoft は Bing と ChatGPT の統合を発表しました。Windows、Excel、PowerPoint、Word などの Microsoft 製品に GPT モデルが導入される予定で、同時に ChatGPT も Bing の機能を備えるようになります。つまり、Microsoft の多くの製品と ChatGPT が一体化し、相互に機能を強化していくことになります。

すでに Microsoft は**GPT-4搭載の Microsoft365 Copi-lot と Windows Copilot** を発表しています。

　Copilot とは副操縦士という意味です。

　Windows や Office を使うあなたを機長に見立てて、あなたの仕事をサポートして効率化と時短を実現してくれる副操縦士としています。

　これは文章を生成するというだけではなく、私たちが Copilot に指示をすると、AI が操作して、指示に沿ったコンテンツを作成したり、作業を担当したりしてくれるということです。**作業は AI に委ねて、これで OK か修正か、破棄かなどの「判断と指示」が私たちの仕事となります。**

　強力な副操縦士かつ有能な部下になりそうですので、今から期待がふくらみます。

7-2

Perplexity AI

○アカウント登録なしで利用できる

少し読みにくいですが、「パープレキシティ」と読みます。
Perplexityは対話型のAI検索エンジンです。

まず、**特徴としてはアカウント登録が必要ありません。よって、ログインなしで使えます。**

ログイン不要で使えることは、少し試してみたいなと思ったときのハードルが下がりますよね。

非常にシンプルに操作でき、操作感も通常の検索エンジンやChatGPTとほぼ変わりません。

さらに最新情報の検索もできます。次ページのように2023年のWBCについても回答してくれるのです。

○ソースへのアクセスが可能

Perplexityで特に注目したいのが、**出展・引用（ソース）を明記する機能**があることです。

この機能があるからといって、情報を丸ごと信じていいわけではありませんが、出所の確認ができるのは素晴らしい機能だといえます。

　実際の画面を見て確認してみましょう。上の画像の中央部分にはリンクが表示されています。ここに回答したソースを示してくれているので、クリックすると、情報のソースにアクセスすることができます。

○ChatGPTに比べて劣る部分

　ただし、ChatGPTと比べると、文章生成機能には拙い部分があるため、その点は今後に期待です。

　特に日本語を使いこなせないという点ではPerplexityのほうが深刻かもしれません。さっきまで日本語だったのに、気づくと英語になってしまうことが頻繁にあります。

　もちろん、その都度「日本語で」という指示を入れればいいだけなのですが、ChatGPTに慣れていると、このような小さな点もストレスに感じてしまうかもしれません。

7-3

NotionAI

○Notionに追加されたAI機能

NotionAIは、これまでに紹介してきたAIと少しタイプが異なります。

もともと、メモやタスク管理のために多くの機能を一元化したNotionというアプリがありました。これ自体が素晴らしいアプリだったのですが、そこにAI機能を追加したのがNotionAIです。

NotionAIで使用されている言語モデルは公開されていませんが、自社開発ではない複数の言語モデルとの連携だと発表されています。

○有料プランに入るときの注意点

Notionには無料プランと有料プランがありますが、それとAI機能は別だという点に注意が必要です。

Notion自体の有料プランに入ったとしても、NotionAIが使用できるわけではないので気を付けてください。

NotionAIは別プランで月額10ドル、年間プランの場合は月額8ドルかかります。Notion自体が無料でも有料でも、

NotionAIを付けることができます。

　NotionAIも一応無料で使えるのですが、20回という使用制限があるため、無料プランというよりは無料トライアルという位置づけです。

　使ってみるとわかりますが、20回という制限はすぐに使い切ってしまいます。よって、**NotionAIは基本的に有料**と考えたほうが良いでしょう。

○ライティング目的の場合はとても便利

　では、実際にNotionAIを使ってみます。「NotionAIの使い方」と入力するだけで、次の文章を作ってくれました。

NotionAIの使い方

NotionAIの使い方

NotionAIは、最新の人工知能技術を利用して、業務の生産性向上に貢献するツールです。以下は、NotionAIの使い方についての詳細な説明です。

概要

NotionAIは、タスクの自動化、情報の収集、文章の自動生成など、様々な業務に応用できます。また、NotionAIは人工知能技術によって、学習能力を持っており、使用するほどにより高度な機能を提供するようになります。

利用可能な言語

NotionAIは、英語と日本語に対応しています。自然言語処理を使用しているため、他の言語に対応するためには訓練が必要です。

カスタマイズ

NotionAIは、カスタマイズ可能な機能を提供しています。ユーザーは、自分の業務に合わせてNotionAIを調整することができます。カスタマイズには、専門的な知識が必要な場合があります。

　ChatGPTと会話した文章を、普段使っているアプリにコピーしながら文章を作ることは意外に面倒です。

　その点、**NotionAIはその中だけで完結しますし、修正についてもその場で対応できるため、とても使い勝手の良いツールです。**ChatGPTからのコピペがないだけで、こんなに便利なのかと思われることでしょう。

　なめらかな日本語を使うという点も、**いつも同じ答えを返すわけではない点**もChatGPTと同様です。

　使用方法は多岐にわたるためすべては書けないのですが、ChatGPTの主な使用目的がライティングだという方はぜひ一度試してみてください。

Google Bard

○全文が一気に表示される

Googleも対話型AIのBardを公開しました。**Bardは鳥のBirdではなく、吟遊詩人（ヨーロッパで旅をしながら詩歌をつくった人々）を意味します。**

2023年4月に日本でも一般公開され、5月には日本語に対応し、利用できるようになりました。

Bardには、次世代言語モデルとして「**PaLM 2**」が搭載されます。ChatGPTにとってのGPT-4が、BardにとってのPalM2です。

またBardはGoogleのアプリやサービスとの統合はもちろんパートナーの拡張機能でAdobeFireflyをはじめWeb上のさまざまなサービスとの連携の取り組みも予定しています。またGPT-4と同じく**マルチモーダル対応**（140ページ）とのことで期待が広がります。

使用方法は概ねChatGPTと変わりませんが、**ChatGPTではタイピング中のように文字が表示されるのに対して、Bardは全文が一気に表示されます。**

○3つの回答例が表示される

GoogleBardの最大の特徴は、右上の「他の回答案を表示」をクリックすると、**3つの別の回答案が表示されることです。その中から、自分のイメージに合った回答を選ぶことができます。**

この3つで満足できない場合、再回答の指示もできます。

また、ChatGPTと同じように、画面左側にチャット履歴が表示されるようになりました。

これで以前のつづきを行ったり、新しいチャットを新規作成ボタンで始めたり、利便性が上がりました。

表の下の「Googleスプレッドシートにエクスポート」を使うと、表形式を維持しながら活用できます。これがエクスポートした表です。

　回答の下の「Googleで検索」では関連トピックを表示させたり、この回答をGoogleドキュメントやGmailにエクスポートしたりすることもできます。

チャットの履歴は Bard アクティビティで管理されてお
り、設定された期間で自動削除されます。自動削除期間は
デフォルトでは18ヶ月ですが、期間の変更や削除をしない
設定もできます。

今後もどのように進化するか読めず、目の離せない AI の
一つだと言えるでしょう。

おわりに

　ここまでお読みいただき、誠にありがとうございます。

　ChatGPTやAIに興味を持ちつつも手が出せずにいた方も、ちょっと使ったけど放り出してしまった方も、本書を通じてChatGPTへの誤解が解けたなら幸いです。
　正しい理解をもとに、ビジネスに生活にChatGPTを利用してもらうきっかけになればと思います。

　私の85歳の父親は免許を返納した今、iPadを使いこなし、若いころからの趣味だったボウリングの海外試合の視聴を楽しんでいます。母は、スマホをかざして花の名前を調べ、ChatGPTに体調の相談をしています。
　高齢の方のアクティブで好奇心の旺盛なところに私は圧倒されますが、今や人生は100年時代。働き盛りの世代の私たちが、新テクノロジーにしり込みをしている場合ではありません。

　ChatGPTをはじめとするAIは現在も日進月歩の進化

を続け、そのスピードはこれまで1年で起きていた変化がたった1ヶ月で起きていると言われるほどです。

　今後もさらなるアップデートや新しい技術が登場すると思いますので、**あなたの知識や理解も本書をベースにしながら、新しい内容に更新していただけたら幸いです。**

　ChatGPTは大きなポテンシャルを秘めています。

　あなたの優秀なAI部下として、豊かなビジネスライフに、そしてプライベートライフにご活用いただき、より一層の充実した日々をお過ごしいただけることを願っております。

　ChatGPTを取り巻く環境は常に変化し続けています。もし、最新情報にご興味がある方は、下記の公式LINEへのご登録をいただけましたら幸いです。

https://line.me/R/ti/p/@463mcdbg

山﨑志津（やまざき・しづ）

長野県松本市出身。中小企業診断士。
松本深志高等学校、名古屋商科大学経営情報学科卒業後、株式会社ミロク情報サービスに入社。
カスタマーサポートに従事後、独立開業。
難しい言葉を使わずに、誰にもわかりやすく伝えることをモットーに中小企業のデジタル化推進のためにコンサルティングを行う。大学、専門学校、シンクタンク等講師経験は200回以上。中小企業の電子書籍発信にも着目しデジタル出版サポートを行いながら、大人の学びを応援するための電子書籍『おばちゃんでもわかる超入門ChatGPT』『ChatGPTの応答精度はプロンプトが9割』などの著書をKindleで出版し、ベストセラーを獲得している。

本文・カバーデザイン	金井久幸（TwoThree）
DTP	TwoThree
カバーイラスト	iStock
校正協力	株式会社ぷれす
内容レビュー	三津村直貴

ChatGPTは
質問・指示が9割

著 者　山﨑志津
発行者　池田士文
印刷所　図書印刷株式会社
製本所　図書印刷株式会社
発行所　株式会社池田書店
　　　　〒162-0851
　　　　東京都新宿区弁天町43番地
　　　　電話 03-3267-6821（代）
　　　　FAX 03-3235-6672

落丁・乱丁はお取り替えいたします。
©Yamazaki Shizu 2023, Printed in Japan
ISBN 978-4-262-17486-0

[本書内容に関するお問い合わせ]
書名、該当ページを明記の上、郵送、FAX、または当社ホームページお問い合わせフォームからお送りください。なお回答にはお時間がかかる場合がございます。電話によるお問い合わせはお受けしておりません。また本書内容以外のご質問などにもお答えできませんので、あらかじめご了承ください。本書のご感想についても、当社HPフォームよりお寄せください。
[お問い合わせ・ご感想フォーム]
当社ホームページから
https://www.ikedashoten.co.jp/

23013008